Ulrich Schoenwald

Korrespondenzbausteine Französisch

Ulrich Schoenwald

Korrespondenzbausteine Französisch

übersetzt von Michaela Brugger

GABLER

CIP-Titelaufnahme der Deutschen Bibliothek

Schoenwald, Ulrich:
Korrespondenzbausteine Französisch / Ulrich
Schoenwald. Übers. von Michaela Brugger. —
Wiesbaden : Gabler, 1988
ISBN 3-409-19711-7

Schoenwald, Ulrich:
Korrespondenzbausteine Französisch / Ulrich
Schoenwald. Übers. von Michaela Brugger. —
Wiesbaden : Gabler, 1988
ISBN 3-409-19715-X

Der Gabler Verlag ist ein Unternehmen der Verlagsgruppe
Bertelsmann

© Betriebswirtschaftlicher Verlag Dr. Th. Gabler GmbH,
Wiesbaden 1988
Satz: SATZPUNKT Ewert, Braunschweig
Umschlaggestaltung: Schrimpf und Partner, Wiesbaden
Druck und Buchbinder: Wilhelm & Adam, Heusenstamm
Alle Rechte vorbehalten. Das Werk einschließlich aller seiner Teile
ist urheberrechtlich geschützt. Jede Verwertung außerhalb der engen
Grenzen des Urheberrechtsgesetzes ist ohne Zustimmung des Verlages
unzulässig und strafbar. Das gilt insbesondere für Vervielfältigungen,
Übersetzungen, Mikroverfilmungen und die Einspeicherung
und Verarbeitung in elektronischen Systemen.

Printed in Germany
ISBN 3-409-19711-7 (Word)
ISBN 3-409-19715-X (WordStar)

Inhalt

Einleitung 22

1. Anfrage 36

   1.1 Woher ist der Anbieter bekannt? 38
   1.2 Vorstellung der eigenen Firma 38
   1.3 Grund der Anfrage 40
   1.4 Aufforderung zur Sendung von
        Informationsmaterial 42
        1.4.1 Prospekte 42
        1.4.2 Katalog 42
        1.4.3 Muster 42
        1.4.4 Probe 44
        1.4.5 Zeichnungen 44
        1.4.6 Technische Unterlagen 44
   1.5 Qualität und Garantie 46
   1.6 Mengenangaben 46
   1.7 Ersatzteile/Kundendienst 48
   1.8 Preislisten 48
   1.9 Verpackung und Verpackungskosten 50
   1.10 Angebotspreise gemäß INCOTERMS 50
   1.11 Zoll/Steuer 54
   1.12 Lieferzeit 56
   1.13 Zahlungsbedingungen 56
   1.14 Einkaufsbedingungen 58
   1.15 Aufforderung zum Angebot 60
   1.16 Angebotsbindung 60
   1.17 Referenzen 60
   1.18 Schlußsatz 62

Table des matières

Introduction 29

1. Demande 37

   1.1 Comment a-t-on connu la firme qui fait
        l'offre de vente? 39
   1.2 Présentation de la propre firme 39
   1.3 Motif de la demande 41
   1.4 Demande d'envoi de documentation 43

        1.4.1 Prospectus 43
        1.4.2 Catalogue 43
        1.4.3 Echantillon 43
        1.4.4 Essai 45
        1.4.5 Schémas/Descriptions 45
        1.4.6 Documentation technique 45

   1.5 Qualité et garantie 47
   1.6 Données sur les quantités 47
   1.7 Pièces de rechange/service après-vente 49
   1.8 Listes de prix/tarifs 49
   1.9 Emballage et frais d'emballage 51
   1.10 Offre de prix selon les Incoterms 51
   1.11 Douane/taxes 55
   1.12 Délai de livraison 57
   1.13 Conditions de paiement 57
   1.14 Conditions d'achat 59
   1.15 Appel d'offre 61
   1.16 Durée de validité de l'offre 61
   1.17 Références 61
   1.18 Phrases de conclusion et formules
        de politesse 63

2. Begleitbrief zum Prospekt/Katalog 64

    2.1   Dank für die Anfrage 66
    2.2   Ankündigung des Katalogs/Prospekts 66
    2.3   Besondere Hinweise 68
    2.4   Kontakt halten 68
    2.5   Der Brief zum Katalog 70
    2.6   Der Brief zum Prospekt 72

3. Begleitbrief zum Angebot 74

    3.1   Danken 76
    3.2   Änderungen möglich 76

4. Angebot 78

    4.1   Einleitung 80
            4.1.1   Verbindliches Angebot 80
            4.1.2   Freibleibendes Angebot 80
            4.1.3   Solange Vorrat reicht 80
            4.1.4   Befristetes Angebot 82
    4.2   Artikelangabe 82
    4.3   Verpackung 82
    4.4   Zusätzliche Kosten 84
    4.5   Liefertermin 84
    4.6   Rabatte 84
    4.7   Zahlungsweise 86
    4.8   Gewährleistung 86
    4.9   Anlagen 88
    4.10   Schlußsatz 88

2. Lettre accompagnant un
   prospectus/catalogue 65

   2.1   Remerciements pour la demande 67
   2.2   Annonce de l'envoi du catalogue 67
   2.3   Remarques particulières 69
   2.4   Garder le contact 69
   2.5   La lettre d'envoi du catalogue 71
   2.6   La lettre d'envoi du prospectus 73

3. Lettre jointe à une offre 75

   3.1   Remerciements 77
   3.2   Modifications possibles 77

4. Offre 79

   4.1   Introduction 81
         4.1.1   Offre ferme 81
         4.1.2   Offre sans engagement 81
         4.1.3   Jusqu'à épuisement des stocks 81
         4.1.4   Offre limitée 83
   4.2   Information sur l'article 83
   4.3   Emballage 83
   4.4   Frais supplémentaires 85
   4.5   Délai de livraison 85
   4.6   Réduction de prix 85
   4.7   Mode de paiement 87
   4.8   Garantie 87
   4.9   Pièces jointes 89
   4.10 Phrases de conclusion 89

5. Antwort auf Angebot 92

    5.1   Zwischenbescheid auf Angebot 94
          5.1.1   Einleitung 94
          5.1.2   Termin nennen 94
    5.2   Bitte um weitere Informationen 94
          5.2.1   Einleitung 94
          5.2.2   Fragen 96
          5.2.3   Schlußsatz 98
    5.3   Bitte um Änderung 98

6. Referenzanforderung 100

    6.1   Anlaß der Referenzanforderung 102
    6.2   Allgemeine Referenzanforderung 104
    6.3   Spezielle Fragen über ein Unternehmen 106
          6.3.1   Zahlungsfähigkeit 106
          6.3.2   Vermögensverhältnisse 108

          6.3.3   Ruf und Ansehen 108
          6.3.4   Marktsituation 110
          6.3.5   Kundenkreis 110
    6.4   Spezielle Fragen über eine Person 112
    6.5   Zusicherung der Verschwiegenheit
          und Schlußsatz 112

7. Antwort auf Referenzanforderung 116

    7.1   Einleitung 118
    7.2   Auskünfte 118
          7.2.1   Positiv 118
          7.2.2   Negativ 120
    7.3   Bitte um Verschwiegenheit 120

5. Réponse à une offre ... 93

- 5.1 Première réponse à une offre ... 95
  - **5.1.1 Introduction** ... 95
  - **5.1.2 Indication de délai** ... 95
- 5.2 Demande d'informations complémentaires ... 95
  - **5.2.1 Introduction** ... 95
  - **5.2.2 Questions** ... 97
  - **5.2.3 Phrases de conclusion** ... 99
- 5.3 Demande de modification ... 99

6. Demande de références ... 101

- 6.1 Raison pour une demande de références ... 103
- 6.2 Demande de références générales ... 105
- 6.3 Questions spécifiques sur une firme ... 107
  - **6.3.1 Solvabilité** ... 107
  - **6.3.2 Composition du patrimoine/répartition des actifs** ... 109
  - **6.3.3 Réputation et image** ... 109
  - **6.3.4 Position sur le marché** ... 111
  - **6.3.5 Clientèle** ... 111
- 6.4 Questions spécifiques sur une personne ... 113
- 6.5 Assurance quant à la discrétion et formule de politesse ... 113

7. Réponses à une demande de références ... 117

- 7.1 Introduction ... 119
- 7.2 Renseignements ... 119
  - **7.2.1 Positif** ... 119
  - **7.2.2 Négatif** ... 121
- 7.3 Discrétion demandée/souhaitée ... 121

7.4 Antwort auf Referenzanforderung
wird abgelehnt 120
    7.4.1 Reine Ablehnung 120
    7.4.2 Unternehmen/Person kaum bekannt 122
    7.4.3 Unternehmen/Person unbekannt 122
7.5 Schlußsatz 124

8. Antwort auf Bestellung 126

8.1 Dank für Bestellung 128
8.2 Bestellung ablehnen 128

9. Entschuldigungen 130

9.1 Lieferterminverschiebung 132
    9.1.1 Verzögerung beim Vorlieferanten 132
    9.1.2 Streik 132
    9.1.3 Urlaubszeit und Krankheit 132
    9.1.4 Personelle Engpässe 134
    9.1.5 Produktionstechnische Gründe 134
    9.1.6 Wieder lieferfähig 134
9.2 Falsche Rechnung 136
9.3 Falsche Ware 136

10. Reklamation 138

10.1 Bestellungsannahme fehlerhaft 140
    10.1.1 Artikelbezeichnung 140
    10.1.2 Preis 140
    10.1.3 Stückzahl 140
    10.1.4 Allgemein 142
10.2 Lieferverzug 142
10.3 Beschädigte Ware 144

7.4	Refus de répondre à une demande de références	121
	7.4.1 Refus	121
	7.4.2 La firme/la personne est peu connue	123
	7.4.3 La firme/la personne est inconnue	123
7.5	Salutations	125

8. Réponse après réception d'une commande ... 127

8.1	Remerciements pour la commande	129
8.2	Commande refusée	129

9. Excuses ... 131

9.1	Retard dans la livraison	133
	9.1.1 Retard dû à ses propres fournisseurs	133
	9.1.2 Grève	133
	9.1.3 Congé et maladie	133
	9.1.4 Manque de personnel	135
	9.1.5 Raisons techniques	135
	9.1.6 Livraison de nouveau possible	135
9.2	Erreur de facture	137
9.3	Erreur sur la marchandise	137

10. Réclamation ... 139

10.1	Erreurs dans la confirmation de la commande	141
	10.1.1 Désignation de l'article	141
	10.1.2 Prix	141
	10.1.3 Quantité	141
	10.1.4 Autres	143
10.2	Retard dans la livraison	143
10.3	Marchandise endommagée	145

10.4 Ware ist mangelhaft 144
    10.4.1 Ersatz 144
    10.4.2 Neulieferung 146
    10.4.3 Preisnachlaß 146
10.5 Zuwenig geliefert 148
10.6 Rechnung fehlerhaft 148
    10.6.1 Preis 148
    10.6.2 Rabatt 148
    10.6.3 Stückzahl 150
    10.6.4 Zahlungsbedingungen 150
    10.6.5 Allgemein 150

11. Beantwortung von Reklamationen 152

11.1 Einleitungssätze 154
11.2 Zwischenbescheid 154
11.3 Korrigierte Unterlagen 156
11.4 Ersatzlieferung 156
11.5 Vorschlag Preisnachlaß 158

12. Die Mahnung 160

12.1 Die erste Mahnung 162
12.2 Die zweite Mahnung 162
12.3 Die dritte Mahnung 164
12.4 Aufforderungssätze 164
12.5 Der Brief zur ersten Mahnung 166
12.6 Der Brief zur zweiten Mahnung 168
12.7 Der Brief zur dritten Mahnung 170

10.4	Marchandise défectueuse	145
	10.4.1 Remplacement de la marchandise	145
	10.4.2 Nouvelle livraison	147
	10.4.3 Réduction de prix	147
10.5	La livraison n'est pas complète	149
10.6	Erreur de facture	149
	10.6.1 **Prix**	149
	10.6.2 **Rabais**	149
	10.6.3 **Quantité**	151
	10.6.4 **Conditions de paiement**	151
	10.6.5 **Autres**	151

11. Réponse à une réclamation 153

11.1	Phrases d'introduction	155
11.2	Première réponse	155
11.3	Documents corrigés	157
11.4	Marchandise remplacée	157
11.5	Proposition: réduction de prix	159

12. Le rappel 161

12.1	Le premier rappel	163
12.2	Le deuxième rappel	163
12.3	Le troisième rappel	165
12.4	Demande de paiement	165
12.5	La lettre du premier rappel	167
12.6	La lettre du deuxième rappel	169
12.7	La lettre du troisième rappel	171

13. Messebriefe 174

13.1 Einladung 176
13.2 Messeattraktion 176
13.3 Lage des Messestandes 178
13.4 Der Brief zur Messeeinladung 178
13.5 Dank für den Messebesuch 180
13.6 Weitere Informationen 182
13.7 Nachfaßbrief zur Messe 182

14. Glückwünsche 186

14.1 Firmenjubiläum 188
    14.1.1 Glückwunschsätze 188
    14.1.2 Der Brief zum Firmenjublіläum 190
14.2 Geburtstag 194
    14.2.1 Glückwunschsätze 194
    14.2.2 Der Brief zum Geburtstag 196
14.3 Hochzeit 198
    14.3.1 Bezug zur Anzeige/Karte 198

    14.3.2 Glückwunschsätze 198
    14.3.3 Bemerkung zum Geschenk 200
    14.3.4 Der Brief zur Hochzeit 202
14.4 Geburt 204
    14.4.1 Bezug zur Karte/Anzeige 204

    14.4.2 Glückwunschsätze 204
    14.4.3 Wunsch für die Mutter 204
    14.4.4 Bemerkung zum Geschenk 206
    14.4.5 Der Brief zur Geburt 208

13. Lettres envoyées à l'occasion d'une foire 175
    13.1 Invitation 177
    13.2 Produits et articles de foire 177
    13.3 Emplacement du stand de foire 179
    13.4 L'invitation pour la foire 179
    13.5 Remerciements pour la visite à la foire 181
    13.6 Autres informations 183
    13.7 Relance du client après la foire 183

14. Vœux 187
    14.1 Anniversaire d'une entreprise 189
        14.1.1 Meilleurs vœux 189
        14.1.2 La lettre à l'occasion de l'anniversaire 191
    14.2 Anniversaire 195
        14.2.1 Vœux 195
        14.2.2 La lettre à l'occasion de l'anniversaire 197
    14.3 Mariage 199
        14.3.1 Réponse au faire-part/Félicitations suite à l'annonce 199
        14.3.2 Vœux à l'occasion du mariage 199
        14.3.3 Carte accompagnant le cadeau 201
        14.3.4 La lettre à l'occasion du mariage 203
    14.4 Félicitations à l'occasion d'une naissance 205
        14.4.1 Réponse au faire-part/Félicitations à la suite de l'annonce/ 205
        14.4.2 Vœux 205
        14.4.3 Vœux pour la mère 205
        14.4.4 Mot d'accompagnement au cadeau ... 207
        14.4.5 La lettre à l'occasion de la naissance 209

14.5	Weihnachten und Neujahr		210
	14.5.1	Glückwunschsätze	210
	14.5.2	Dank für die gute Zusammenarbeit	210
	14.5.3	Der Brief zu Weihnachten und Neujahr	212
14.6	Kondolenz		214
	14.6.1	Beileidsbekundungen	214
	14.6.2	Worte der Würdigung	214
	14.6.3	Kondolenzbrief	216

15. Informationen 220

15.1	Sonderaktionen		222
	15.1.1	Jubiläumspreis	222
	15.1.2	Sonderpreise wegen Umbaus	222
	15.1.3	Umstellung des Sortimentes	222
15.2	Preissenkung		224
	15.2.1	Günstige Einkaufsmöglichkeiten	224
	15.2.2	Rationellere Produktion	224
15.3	Preiserhöhung		224
	15.3.1	Ankündigung	224
	15.3.2	Erhöhung mitteilen	226
15.4	Verkaufs- und Lieferbedingungen		228
	15.4.1	Angebotstermin	228
	15.4.2	Mengenstaffel	228
	15.4.3	Versandart	228
	15.4.4	Allgemein	230
15.5	Neue Mitarbeiter vorstellen		230
15.6	Anschrift und Telefon geändert		232
15.7	Telefonnummer geändert		232

14.5	Noël et Nouvel An		211
	14.5.1	Vœux	211
	14.5.2	Comment remercier en cas de bonne collaboration	211
	14.5.3	La carte de Noël et du Nouvel An	213
14.6	Condoléances		215
	14.6.1	Présentation des condoléances	215
	14.6.2	Mots d'estime	215
	14.6.3	La réponse à l'annonce du décès	217

15. Information 221

15.1	Offre spéciale		223
	15.1.1	Prix d'anniversaire	
	15.1.2	Offres exceptionnelles pour cause de travaux	223
	15.1.3	Changement dans la gamme de produits	223
15.2	Baisse des prix		225
	15.2.1	Conditions d'achat avantageuses	225
	15.2.2	Production plus rationnelle	225
15.3	Augmentation de prix		225
	15.3.1	Annonce	225
	15.3.2	Annonce de l'augmentation	227
15.4	Conditions de vente et de livraison		229
	15.4.1	Durée de la validité de l'offre	229
	15.4.2	Tarif	229
	15.4.3	Mode d'expédition	229
	15.4.4	Divers	231
15.5	Présentation de nouveaux employés		231
15.6	Changement d'adresse et de téléphone		233
15.7	Changement du numéro de téléphone		233

16. Häufig erforderliche Einzelsätze 234

    16.1 Anlage 236
    16.2 Anrufen 236
    16.3 Antwort 236
    16.4 Bedauern 238
    16.5 Bestätigung 238
    16.6 Dank 238
    16.7 Erledigt 240
    16.8 Grüße 240
    16.9 Ja 240
    16.10 Kontakt 242
    16.11 Nein 242
    16.12 Termin 242
    16.13 Vereinbarungen 244
    16.14 Verstanden? 244
    16.15 Wichtige Mitteilung 246

16. Phrases employées couramment 235
    16.1 Pièce jointe 237
    16.2 Appels téléphoniques 237
    16.3 Réponse 237
    16.4 Regrets 239
    16.5 Confirmation 239
    16.6 Remerciements 239
    16.7 Affaires réglées 241
    16.8 Salutations 241
    16.9 Oui 241
    16.10 Contact 243
    16.11 Non 243
    16.12 Rendez-vous 243
    16.13 Accords 245
    16.14 Compris? 245
    16.15 Information importante 247

Einleitung

Mit Hilfe dieses Buches können Sie Geschäftsbriefe in allen Bereichen – ob Einladung oder Mahnung, Angebot oder Reklamation – schnell und korrekt abfassen. Sie finden komplette Musterbriefe mit Übersetzung, aber auch einzelne Absätze und Sätze, aus denen Sie Ihre Texte zusammensetzen können oder die Sie einfach in Ihren eigenen Brief einfügen. Alle Texte sind so formuliert, daß sie sich leicht für individuelle Zwecke ändern lassen.
Doch nicht nur die Brieftexte müssen einwandfrei sein – auch die Form muß stimmen. Auf den folgenden Seiten können sie sich deshalb über die verschiedenen Schreibweisen von Anschrift, Datum, Betreff, Bezug, Anrede, Gruß und Anlagenvermerk informieren. Selbstverständlich sind diese Hinweise keine Gesetze, an die man sich unbedingt halten muß. Wenn auch das Schaubild Ihrer Briefe dem entspricht, was Ihre Geschäftspartner gewohnt sind, dann erleichtern Sie die Verständlichkeit und damit die Verständigung – eine der wichtigsten Voraussetzungen für die erfolgreiche Zusammenarbeit.
Nach den Erläuterungen zum französischen Geschäftsbrief folgen Informationen zum deutschen Geschäftsbrief – auf französisch.
Die Korrespondenzbausteine beginnen auf den Seiten 36 (deutsch) und 37 (französisch); auf der linken Seite steht jeweils der deutsche, auf der rechten Seite der französische Text.
Deutschland – France – Bundesrepublik Deutschland – République Française – BRD – Métropole ... Was ist der offizielle Name des Landes?
France und Bundesrepublik Deutschland sind die offiziellen Bezeichnungen. Auch andere Bezeichnungen sind üblich: „République Française" verwendet man nur in historischem Zusammenhang. Unter „Métropole" versteht man Frankreich ohne seine überseeischen Gebiete. In Deutschland gibt es außer der offiziellen Bezeichnung „Bundesrepublik Deutschland" die Begriffe Bundesrepublik, BRD und Deutschland.

Der französische Geschäftsbrief

Die Adresse

In der ersten Zeile steht der Name der Person oder der Firma. Dann folgt die Straße. Wichtig: In allen französischsprachigen Ländern schreibt man die Hausnummer vor den Straßennahmen und trennt durch ein Komma:

22, rue du Château

Bei einer Postanschrift schreibt man:

B.P. 54

Der Ortsname wird in Versalien (Großbuchstaben) geschrieben:

PARIS

Die fünfstellige Code-Nummer für das Departement wird vor den Zielort geschrieben. Diese Postleitzahl wird in zwei Gruppen geschrieben, die durch ein Leerzeichen getrennt sind. Die beiden ersten Ziffern entsprechen der Nummer des Departements, die drei letzten stehen für eine der Städte in diesem Departement:

95 000 CERGY PONTOISE

Insgesamt sieht eine Anschrift so aus:

Etablissements LAMRI S.A.
22, rue du Château
95 000 CERGY PONTOISE

In großen Städten (Paris, Lyon, Marseille) muß man auch das Arrondissement angeben.

Das Datum

Das Datum wird ohne Punkt geschrieben. Üblich ist die folgende Schreibweise:

Paris, le 4 janvier 1988

Nach der Stadt folgt ein Komma. Es empfiehlt sich, den Monatsnamen mit kleinem Anfangsbuchstaben auszuschreiben. Vermeiden Sie Abkürzungen wie

Paris, le 4/1/1988

oder

Paris, le 4/I/1988

Bezugszeichen

Die Bezugszeichen kann man in die gleiche Zeile wie das Datum schreiben oder untereinander:

N/réf: V/réf: Paris, le 4 janvier 1988
Notre Réf:
Votre Réf:

Der Betreff

Den Betreff schreibt man unter die Bezugszeichen:

Objet: Notre facture du 10 fevriér 1988

Die Anrede

Briefe, die an Firmen gerichtet sind, beginnen immer mit:

Messieurs,

In Werbebriefen fügt man den Zunamen des Empfängers hinzu:

Cher Monsieur Molier

oder

Chère Madame Molier

Ist der Titel des Empfängers bekannt, schreibt man je nachdem:

Madame la Directrice,

oder

Monsieur le Président,

Wenn es sich um Bekannte oder Freunde handelt:

Chère Madame,

oder

Cher Monsieur,

Der Gruß

Ein Brief wird immer mit einer Höflichkeitsfloskel beendet. Im Französischen gibt es einen weiten Fächer von Möglichkeiten:

Veuillez croire, Monsieur, à nos sentiments distingués.
Veuillez agréer, Monsieur, nos salutations respectueuses.

Nous vous prions de croire, Messieurs, à l'assurance de nos sentiments les meilleurs.

Nous vous présentons, Madame, nos salutations distinguées.
Nous vous prions d'agréer, Messieurs, l'assurance de notre considération trés distinguées.

Je vous prie de croire, Monsieur le Directeur, à l'expression de mes sentiments dévoués.

Folgende Höflichkeitsfloskeln sind selten:

Salutations distinguées.

Sincères salutations.

Anlagenvermerk

Hinweise auf Anlagen (Annexe oder P. J. = Pièces Jointes) stehen links unten:

Annexe
relevé de compte

oder

P.J.
relevé de compte

Auf der folgenden Seite sehen Sie ein Briefmuster in uneingerückter Form (disposition américaine).

BRIEFKOPF

Etablissements LAMRI S.A.
22, rue du Château
95 000 CERGY PONTOISE

Notre Réf: Gp/Vt
Votre Réf: Hr/Cr   Paris, le 4 janvier 1988

Objet: Votre offre du 15 décembre 1987

Messieurs,

Nous accusons réception de votre offre du 15 décembre 1987.

A la présente, nous joignons notre ordre n° 420/Ac.

Nous vous serions trés obligés si vous pouviez livrer les marchandises avant la fin de la semaine prochaine.

Nous vous prions de croire, Messieurs, à l'assurance de nos sentiments les meilleurs.

Dies ist ein Briefmuster in eingerückter Form (disposition française):

BRIEFKOPF

Etablissements LAMRI S.A.
22, rue du Château
95 000 CERGY PONTOISE

Notre Réf: Gp/Vt
Votre Réf: Hr/Cr   Paris, le 4 janvier 1988
Objet: Votre offre du 15 décembre 1987

Messieurs,

   Nous accusons réception de votre offre du 15 décembre 1987.

   A la présente, nous joignons notre ordre n° 420/Ac.

   Nous vous serions très obligés si vous pouviez livrer les marchandises avant la fin de la semaine prochaine.

   Nous vous prions de croire, Messieurs, à l'assurance de nos sentiments les meilleurs.

Introduction

Grâce à manuel, vous serez à même d'écrire rapidement et correctement des lettres commerciales se rapportant à tous les domaines – qu'il s'agisse d'invitations, de lettres de rappel, d'offres ou de réclamations. Vous trouverez dans ce précieux auxiliaire, que deviendra bientôt pour vous ce livre, des lettres complètes accompagnées de leur traduction mais aussi des paragraphes et des phrases qui vous permettront de composer vos propres textes ou que vous pourrez tout simplement ajouter à votre propre lettre. Tous nos textes sont formulés de façon à ce que vous puissiez, selon vos désirs et vos besoins, aisément les modifier.

Mais, il ne suffit pas que votre texte soit exempt d'erreurs, il faut aussi que la forme y soit. En consultant les pages suivantes, vous trouverez des informations concernant les différentes possibilités d'écriture de l'adresse, la date, l'objet, les références, l'introduction, la formule de politesse ainsi que les annexes. Bien entendu, ces remarques ne font pas loi et il n'est pas absolument obligatoire de les respecter. Mais, si la présentation de votre lettre correspond à celle que votre partenaire commercial a l'habitude de rencontrer, vous faciliterez ainsi la compréhension et la communication, ce qui est la condition sine qua non à toute coopération commerciale fructueuse.

Deutschland – France – Bundesrepublik Deutschland – République Française – BRD – Métropole ... Quelle est l'appellation officielle du pays? Les appellations France et Bundesrepublik Deutschland sont les appellations officielles. D'autres appellations sont courantes: „République Française" ne se rencontre plus guère que dans un contexte historique. Par „Métropole", on entend la France sans ses départments et ses territoires d'outre-mer.

A côté de l'appellation officielle „Bundesrepublik Deutschland", on emploie aussi en Allemagne: Bundesrepublik, BRD et Deutschland.

La lettre commerciale allemande

L'adresse

La première ligne est réservée soit au nom du destinataire soit à la raison sociale de la maison. Si le nom du destinataire est mentionné en premier, seule cette personne est habilitée à ouvrir la lettre. Ce principe est entre temps devenu règle dans la plupart des entreprises allemandes.

Herrn Heinz Paulsing
Kurt Groß KG

ou

Kurt Groß KG
Herrn Heinz Paulsing

Vient ensuite l'adresse postale: rue, numéro de la maison ou le numéro de boîte postale:

Hansaring 123

ou

Postfach 12 34

Le code postal à quatre chiffres précède le nom du lieu de destination:

4000 Düsseldorf

Le numéro de l'arrondissement s'inscrit après le nom du lieu de destination:

4000 Düsseldorf
5000 Köln 91

Veillez à ce que le code postal soit toujours à quatre chiffres. Ajoutez des zéros si nécessaire. Donc pas 41, mais 4100.

Pour les lettres à destination de la République Fédérale d'Allemagne, il faut ajouter un D- devant le code postal:

D-4000 Düsseldorf

La ponctuation

Aucune ponctuation à la fin des lignes.

La date

La date s'écrit à l'aide de points. Il est courant d'écrire:

04.02.88
04.02.1988
4.2.88
4.2.1988
4. Februar 1988

Afin d'éviter toute confusion, il est recommandé, pour les lettres à destination de pays anglophones, d'indiquer le nom du mois en toutes lettres.

L'objet

L'objet s'inscrit au dessus de l'introduction:

Unsere Rechnung vom 12.10.1988

Sehr geehrte Damen und Herren,

L'introduction

L'introduction commence deux lignes en dessous de l'objet. S'agit-il d'une lettre adressée à des maisons commerciales, on commencera alors toujours par:

Sehr geehrte Damen und Herren,

Si le destinataire est connu, on ajoutera son nom:

Sehr geehrte Frau Stein,

ou

Sehr geehrter Herr Stein,

Il est aussi possible d'avoir un début de lettre concernant plusieurs personnes:

Sehr geehrte Frau Stein,
Sehr geehrter Herr Stein

Si l'on s'adresse à des amis ou à des connaissances:

Liebe Frau Stein,

ou

Lieber Herr Stein,

L'appellation du destinataire est toujours suivie d'une virgule. Le corps de la lettre commence, lui, par une minuscule, sauf, bien sûr, si le premier mot est un substantif.

La formule de politesse

Il est entre temps devenu courant d'écrire:

Mit freundlichen Grüßen

ou

Mit freundlichem Gruß

Dans le cas de lettres très formelles, par exemple des lettres de rappel, il est d'usage de terminer par l' expression autrefois très usitée:

Hochachtungsvoll

Les annexes

Elles sont placées soit à la même hauteur que les salutations (unité 50), soit 3 lignes en dessous, contre la marge à gauche:

Mit freundlichem Gruß   Anlage
                                         Rechnungskopie

ou

Mit freundlichen Grüßen

Anlage
Rechnungskopie

Page suivante, vous trouverez un exemple de lettre écrit conformément aux règles normalisées (DIN 5008) concernant les lettres tapées à la machine à écrire.

L'EN-TETE

Karl Groß KG
Herrn Peter Schulz   19.01.1988
Postfach 12 34

5000 Köln 91

Ihre Anfrage vom 16.01.1988

Sehr geehrter Herr ...,

für Ihr Interesse danken wir Ihnen herzlich!

Dem Katalog haben wir alle wichtigen Informationen beigefügt. So finden Sie auf der letzten Seite unsere Preisliste, die bis zum 31.12.1988 gültig ist.

Doch was sagt der Preis schon alleine aus? Erst das Design und die Qualität unserer ... (Artikel) machen den Wert der Produkte aus. Und die werden Ihnen sicher gefallen.

Falls Sie noch Fragen haben – unser Mitarbeiter Herr ... steht Ihnen immer zur Verfügung. Rufen Sie ihn an, Tel.: ...

Mit freundlichen Grüßen
Ihr

<u>Anlage</u>
Katalog

1. Anfrage

1. Demande

1.1 Woher ist der Anbieter bekannt?

1.1.1 Durch Ihr Inserat in der Fachzeitschrift ... sind wir auf Ihre Firma aufmerksam geworden.
1.1.2 Ihr Angebot in der Tages-/Wochenzeitung ... vom ... erscheint uns interessant/hat uns überzeugt.
1.1.3 Auf der letzten ...messe haben wir einen guten Eindruck von Ihrem Angebot gewonnen.
1.1.4 Herr/Frau ... von der Firma ... hat Sie uns als Hersteller/ Lieferant von ... empfohlen.
1.1.5 Vor ... Jahren belieferten Sie unsere Firma mit ...
1.1.6 Ihr/-e Vertreter/-in, Herr/Frau ..., stellte uns kürzlich Ihr Angebot an ... vor.
1.1.7 Wir beziehen uns auf Ihren Werbebrief/Ihr freibleibendes Angebot vom ...
1.1.8 Als ehemaliger ... (z. B. Einkäufer) der Firma ... ist mir Ihr Angebot an ... bestens bekannt.
1.1.9 Seit Jahren läßt sich die ständige Expansion Ihres Unternehmens auf dem ... (z. B. italienischen/europäischen) Markt beobachten. Aufgrund dieser Zuverlässigkeit versprechenden Entwicklung schreiben wir Ihnen.
1.1.10 Ihr Unternehmen gilt als marktführend für die Herstellung von ...
1.1.11 Die Neuentwicklungen Ihrer Firma auf dem ...sektor veranlassen uns, mit Ihnen Kontakt aufzunehmen.
1.1.12 Ihre Firma ist uns aufgrund ausgezeichneter Kundendienstleistungen empfohlen worden. Aus diesem Grund wenden wir uns an Sie.

1.2 Vorstellung der eigenen Firma

1.2.1 Zu Ihrer Information geben wir Ihnen einige Daten über unser Unternehmen.

1.1 Comment a-t-on connu la firme qui fait l'offre de vente?

1.1.1 Votre annonce dans la revue spécialisée … a attiré notre attention sur votre firme.
1.1.2 Votre offre dans le quotidien/l'hebdomadaire … du … nous paraît intéressante/nous a convaincus.
1.1.3 A la dernière foire … votre offre nous a fait une bonne impression.
1.1.4 Vous nous avez été recommandé en tant que fabricant/fournisseur de … par Monsieur/Madame … de la firme …
1.1.5 Il y a … ans, vous avez livré à notre firme …
1.1.6 Votre représentant/e Monsieur/Madame … nous a récemment présenté votre offre de …
1.1.7 Nous nous référons à votre lettre publicitaire/votre offre sans engagement du …
1.1.8 En tant qu'ancien … (par exemple: chargé d'achats) de la firme … je connais parfaitement votre offre.
1.1.9 Depuis plusieurs années on peut observer une expansion continuelle de votre entreprise sur le marché … (par exemple: italien/européen). En raison de la confiance née de cette évolution prometteuse nous vous adressons cette lettre.
1.1.10 Votre entreprise est connue pour être l'une des plus importantes en ce qui concerne la fabrication de …
1.1.11 Les récents développements de votre firme dans le secteur … nous amènent à prendre contact avec vous.
1.1.12 Votre firme nous a été recommandée en raison d'un service après-vente parfait. C'est pourquoi nous nous adressons à vous.

1.2 Présentation de la propre firme

1.2.1 A titre d'information, nous vous communiquons quelques données relatives à notre entreprise.

1.2.2	Unsere Firma besteht seit ... und befaßt sich hauptsächlich mit ...
1.2.3	Wir produzieren ...; unsere Abnehmer sind ...
1.2.4	Seit ... Jahren führen wir ein ...geschäft mit ständig steigendem Umsatz.
1.2.5	Auf dem ... (z. B. deutschen) Markt haben wir uns einen guten Ruf als Hersteller/Lieferant von ... erworben.
1.2.6	Wir vertreiben ... im In- und Ausland und haben Niederlassungen in ...
1.2.7	Als Unternehmen der ...branche beschäftigen wir ... Mitarbeiter.
1.2.8	Unser Bedarf an ... beträgt ... pro Jahr.
1.2.9	Jährlich importieren wir Waren im Wert von ...

1.3 Grund der Anfrage

1.3.1	Wir wollen unser Angebot an ... um Produkte der niedrigen/mittleren/gehobenen Preisklasse erweitern.
1.3.2	Bisher haben wir ... aus ... (Materialangabe) gefertigt, möchten unsere Produktion aber auf ... (Materialangabe) umstellen.
1.3.3	Unsere Kunden äußern ein starkes Interesse an ...
1.3.4	Zur Geschäftsneueröffnung wollen wir ... anbieten.
1.3.5	Wir suchen einen (neuen) Lieferanten für ...
1.3.6	Wir suchen einen (neuen) Hersteller für ...
1.3.7	Für den Export unserer Waren ins Ausland benötigen wir ...
1.3.8	Unsere Firma hat den Auftrag für den Bau ... erhalten.
1.3.9	Ihre Artikel scheinen für unsere Zwecke geeignet.
1.3.10	Wir möchten uns über Ihr interessantes Angebot informieren.

1.2.2	Notre firme existe depuis ... et opère principalement dans ...
1.2.3	Nous fabriquons ...; nos clients sont ...
1.2.4	Nous sommes une entreprise de ... depuis ... ans et enregistrons une croissance continue de notre chiffre d'affaires.
1.2.5	Sur le marché ... (par exemple: allemand) nous sommes réputés pour la fabrication/livraison de ...
1.2.6	Nous vendons ... sur le marché intérieur et à l'étranger et avons des succursales à/au/en ...
1.2.7	Nous sommes une entreprise opérant dans le secteur ... et employons ... salariés.
1.2.8	Nous achetons chaque année ... de ...
1.2.9	Chaque année nous importons pour ... de marchandises.

1.3   Motif de la demande

1.3.1	Nous voulons élargir notre gamme de produits ... avec des articles bon marché/de prix moyens/de haut de gamme.
1.3.2	Jusqu'à présent nous avons fabriqué des ... en ... (nom d'un matériau), mais nous aimerions utiliser un autre ... (nom) pour notre production.
1.3.3	Nos clients sont très intéressés par ...
1.3.4	A l'occasion de l'ouverture de notre établissement, nous voulons proposer ...
1.3.5	Nous cherchons un (nouveau) fournisseur de ...
1.3.6	Nous cherchons un (nouveau) fabricant de ...
1.3.7	Pour l'exportation de nos marchandises à l'étranger nous avons besoin ...
1.3.8	Notre firme a reçu un contrat pour la construction ...
1.3.9	Il apparaît que vos articles correspondent à ce que nous recherchons.
1.3.10	Nous voudrions des informations relatives à votre offre intéressante.

1.4 Aufforderung zur Sendung von Informationsmaterial

1.4.1 Prospekte

1.4.1.1 Bitte schicken Sie uns ausführliches Prospektmaterial über ...

1.4.1.2 Zur Weitergabe an unsere Kunden benötigen wir dringend ... Exemplare Ihres Prospektes ... (genaue Bezeichnung).
1.4.1.3 Wir benötigen Ihren Prospekt über ... bis zum ...
1.4.1.4 Uns liegt ein Prospekt Ihrer Firma von ... vor. Gibt es inzwischen einen neuen?
1.4.1.5 Für unsere ausländischen Geschäftspartner benötigen wir Ihren Prospekt über ... in ... (Sprache/n angeben). Bitte schicken Sie uns für jede Sprache ... Exemplare.
1.4.1.6 Können Sie uns ... Exemplare Ihres Prospekts ... überlassen?
1.4.1.7 Gibt es einen Prospekt über ...?
1.4.1.8 Enthält Ihr Prospekt ... Daten über ...?

1.4.2 Katalog

1.4.2.1 Für die Zusammenstellung unseres Frühlings-/Sommer-/Herbst-/Winterangebots brauchen wir Ihren Katalog. Wann können wir damit rechnen?
1.4.2.2 Bitte schicken Sie uns regelmäßig Ihren neuesten Katalog.
1.4.2.3 Leider ist Ihr Katalog auf dem Weg zu uns beschädigt worden. Bitte schicken Sie uns bald/bis zum .../schnellstens einen neuen.

1.4.3 Muster

1.4.3.1 Zur Prüfung Ihres Angebots bitten wir um ein Muster von ...

1.4 Demande d'envoi de documentation

1.4.1 Prospectus

1.4.1.1 Pourriez-vous nous faire parvenir une documentation complète sur ...
1.4.1.2 Nous avons besoin d'urgence, pour nos clients, de ... exemplaires de votre prospectus ... (description exacte).
1.4.1.3 Nous avons besoin de votre prospectus sur ... d'ici le :
1.4.1.4 Nous avons un prospectus de votre firme du/de ... En est-il paru un autre depuis?
1.4.1.5 Pour notre correspondant étranger nous avons besoin de votre prospectus sur ... en ... (indiquer la/les langues). Pourriez-vous nous envoyer ... exemplaires en chaque langue.
1.4.1.6 Pouvez-vous nous laisser ... exemplaires de votre prospectus?
1.4.1.7 Avez-vous un prospectus sur ...?
1.4.1.8 Est-ce que votre prospectus a des données sur ...?

1.4.2 Catalogue

1.4.2.1 Pour préparer nos offres de printemps/d'été/d'automne/d'hiver nous avons besoin de votre catalogue. Quand pourriez-vous nous l'envoyer?
1.4.2.2 Pourriez-vous nous envoyer régulièrement votre nouveau catalogue?
1.4.2.3 Malheureusement votre catalogue a été abîmé durant le transport. Pourriez-vous nous en envoyer un autre rapidement/d'ici le .../le plus rapidement possible?

1.4.3 Echantillon

1.4.3.1 Afin de vérifier votre offre, nous vous prions de bien vouloir nous envoyer un échantillon de ...

1.4.3.2 Bitte schicken Sie uns je ein Muster Ihrer Artikel ...

1.4.3.3 Wir bitten um die Zusendung eines kostenlosen Musters von ...

1.4.3.4 Vor einer Bestellung möchten wir uns von der Qualität Ihrer Ware einen Eindruck machen. Bitte schicken Sie uns deshalb ein Muster.

1.4.3.5 Können Sie uns ... Muster Ihres Artikels ... zu einem günstigen Preis überlassen?

1.4.3.6 Schicken Sie uns ein Muster des Artikels ... bitte per Expreß.

1.4.4 Probe

1.4.4.1 Wir benötigen eine Probemenge von ... (Mengenangabe), um zu prüfen,

1.4.4.1.1 ob die Qualität für unsere Einsatzzwecke geeignet ist.

1.4.4.1.2 ob sich das Produkt auf dem ... (z. B. englischen) Markt verkaufen läßt.

1.4.4.1.3 ob das Produkt den ...-Bestimmungen/...-Normen/...-Vorschriften entspricht.

1.4.5 Zeichnungen

1.4.5.1 Bitte schicken Sie uns so schnell wie möglich eine Zeichnung von ...

1.4.5.2 Ohne Zeichnung können wir uns keinen Eindruck von ... verschaffen.

1.4.6 Technische Unterlagen

1.4.6.1 Wir benötigen von Ihnen dringend technische Unterlagen über ...

1.4.6.2 Schicken Sie uns bitte die technischen Unterlagen für ... bis zum ...

1.4.3.2	Nous vous prions de bien vouloir nous envoyer un échantillon pour chacun de vos articles ...
1.4.3.3	Nous vous prions de bien vouloir nous envoyer un échantillon gratuit de ...
1.4.3.4	Avant de vous passer une commande, nous voudrions vérifier la qualité de votre marchandise. C'est pourquoi, nous vous prions de bien vouloir nous envoyer un échantillon.
1.4.3.5	Pouvez-vous nous laisser ... échantillons de votre article ... à un faible prix?
1.4.3.6	Nous vous prions de bien vouloir nous envoyer par exprès un échantillon de l'article ...

1.4.4　Essai

1.4.4.1	Afin d'effectuer des tests, nous avons besoin d'une petite quantité (préciser la quantité) de ... pour vérifier
1.4.4.1.1	si la qualité correspond à ce que nous recherchons
1.4.4.1.2	si le produit se vend sur le marché ... (par exemple: anglais)
1.4.4.1.3	si le produit est conforme à la réglementation/aux normes/ aux instructions.

1.4.5　Schémas/Descriptions

1.4.5.1	Nous vous prions de bien vouloir nous envoyer aussi rapidement que possible un schéma de ...
1.4.5.2	Sans schéma nous ne pouvons pas nous faire une idée de ...

1.4.6　Documentation technique

1.4.6.1	Nous avons besoin, le plus rapidement possible, de votre documentation technique sur ...
1.4.6.2	Nous vous prions de bien vouloir nous envoyer la documentation technique pour ... d'ici le ...

1.5 Qualität und Garantie

1.5.1 Vor der endgültigen Auftragserteilung benötigen wir genaue Qualitätsangaben.
1.5.2 Informieren Sie uns bitte über die Zusammensetzung des Herstellungsmaterials.
1.5.3 Werden Sie die Ware langfristig in der gleichen Qualität liefern können?
1.5.4 Führen Sie noch die gleiche Qualität von ...?
1.5.5 Unsere Bestellung wird so angelegt sein, daß wir uns darauf verlassen müssen, von Ihnen mehrere Jahre die gleiche Qualität geliefert zu bekommen. Ist Ihre Firma dazu in der Lage?
1.5.6 Sind Sie bereit, die Qualität Ihrer Produkte schriftlich zu garantieren?
1.5.7 Bitte teilen Sie uns mit, für welche Artikel Sie welche Garantiezeiten in welcher Höhe gewähren.
1.5.8 Welche Garantiezeiten gewähren Sie für ...?
1.5.9 Übernehmen Sie auch die Kosten von Reparaturen, die wir während der Garantiezeit durch Dritte ausführen lassen?

1.6 Mengenangaben

1.6.1 Wir benötigen monatlich ... (Mengenangaben). Können Sie regelmäßig liefern?
1.6.2 Bis zum ... brauchen wir ... (Mengenangaben). Sind Sie in der Lage, uns diese Menge zu schicken?
1.6.3 Wir benötigen jährlich ... (Mengenangabe) in Teillieferungen zu ...; lieferbar jeweils am ...

1.5 Qualité et garantie

1.5.1   Avant de vous passer une commande ferme, nous avons besoin de données exactes quant à la qualité.
1.5.2   Nous vous prions de nous communiquer des informations quant à la composition du matériau utilisé dans la fabrication.
1.5.3   Vous sera-t-il possible, à long terme, de livrer une marchandise de qualité analogue?
1.5.4   Avez-vous encore, en ce qui concerne ... la même qualité?
1.5.5   Notre commande sera étalée de telle manière qu'il nous faut être certains que vous nous livrerez la même qualité pendant plusieurs années. Votre firme est-elle en mesure de le faire?
1.5.6   Etes-vous prêt à garantir la qualité de vos produits par écrit?

1.5.7   Nous vous prions de nous communiquer pour quels articles vous accordez une garantie et pour quel montant.
1.5.8   Quels délais de garantie accordez-vous pour ...?
1.5.9   Prenez-vous également en charge, pendant la garantie, les coûts des réparations que nous faisons effectuer par des tiers.

1.6 Données sur les quantités

1.6.1   Nous avons besoin chaque mois de ... (quantité). Pouvez-vous nous livrer régulièrement?
1.6.2   D'ici le ... nous avons besoin de ... (quantité) en livraisons partielles de ..., chacune étant effectuée le ...

1.7 Ersatzteile/Kundendienst

1.7.1 Bitte schicken Sie uns eine Liste Ihrer Kundendienstwerkstäten in ...
1.7.2 Wie verfahren Sie im Falle von Reklamationen?
1.7.3 Können Reparaturleistungen innerhalb der Garantiezeit von ortsansässigen Firmen ausgeführt werden?
1.7.4 Wo befinden sich Ihre Ersatzteillager?
1.7.5 Wie lange garantieren Sie Ersatzteillieferungen?

1.8 Preislisten

1.8.1 Bitte schicken Sie uns Ihre aktuelle Preisliste.
1.8.2 Wie sind die gültigen Preise für ...?
1.8.3 Wie lange wird Ihre Preisliste gültig sein?
1.8.4 Welche Preise berechnen Sie bei einer Mindestabnahmemenge von ...
1.8.5 Wieviel Prozent Rabatt gewähren Sie uns auf Ihre Listenpreise?
1.8.6 Wir wüßten gern, welche Sonderkonditionen Sie uns einräumen können.
1.8.7 In welchem Umfang gewähren Sie Einführungspreise?

1.8.8 Wir bitten um Ihre Preisliste für Wiederverkäufer.
1.8.9 Schicken Sie uns bitte Ihre Preisliste für Endverbraucher.
1.8.10 Bitte berücksichtigen Sie unsere langjährigen Geschäftsbeziehungen bei der Preisgestaltung.

1.8.11 Bei welchem Auftragsvolumen gewähren Sie einen Jahresbonus?
1.8.12 Können wir mit einem Treuerabatt in Höhe von ...% rechnen?
1.8.13 Bitte informieren Sie uns über Ihre Mengenrabatt-Staffel.

1.7 Pièces de rechange/service après-vente

1.7.1 Nous vous prions de bien vouloir nous envoyer une liste de vos ateliers de service après-vente.
1.7.2 En cas de réclamation, comment procédez-vous?
1.7.3 Pendant la garantie, est-ce que les réparations peuvent être faites par des entreprises locales?
1.7.4 Où est situé votre entrepôt de pièces de rechange?
1.7.5 Pendant combien de temps garantissez-vous la livraison de pièces de rechange?

1.8 Listes de prix/tarifs

1.8.1 Nous vous prions de nous envoyer votre tarif actuel.
1.8.2 Quels sont les prix actuels pour …?
1.8.3 Jusqu'à quand votre tarif est-il valable?
1.8.4 Quels sont vos prix dans le cas d'une commande minimum de …
1.8.5 Quel pourcentage de réduction par rapport à votre tarif nous accordez-vous?
1.8.6 Nous aimerions savoir quelles conditions spéciales vous pourriez nous accorder.
1.8.7 Quel est l'ordre de grandeur de vos remises pour une première commande?
1.8.8 Nous vous prions de nous envoyer votre tarif pour revendeur.
1.8.9 Nous vous prions de nous envoyer votre tarif-client.
1.8.10 Pour le calcul des prix, nous vous prions de bien vouloir prendre en considération le fait que nous sommes en relations d'affaires depuis de nombreuses années.
1.8.11 A partir de quelle quantité commandée accordez-vous une remise?
1.8.12 Pouvons-nous compter sur une ristourne de … %?
1.8.13 Pouvez-vous nous envoyer des informations sur les différentes remises que vous accordez suivant les quantités commandées?

1.8.14	In welcher Höhe gewähren Sie Vorsaisonrabatt?
1.8.15	Teilen Sie uns bitte nur Ihre Nettopreise ohne Mehrwertsteuer mit.
1.8.16	Geben Sie in Ihren Preisen enthaltene Steueraufschläge bitte getrennt an.
1.8.17	Nennen Sie uns bitte Ihre Bruttopreise.
1.8.18	Bitte schicken Sie uns auch Ihre Ersatzteilpreisliste.
1.8.19	Wie lange haben Ihre Preise für Ersatzteile voraussichtlich Gültigkeit?
1.8.20	Können Sie uns garantieren, daß Ihre Preise für Ersatzteile in den nächsten ... Jahren nicht mehr als ...% jährlich steigen werden?

1.9 Verpackung und Verpackungskosten

1.9.1	Wir erwarten, daß die Ware uns unbeschädigt erreicht. Bitte veranlassen Sie eine Schutzverpackung.
1.9.2	Wir rechnen mit einer seemäßigen Schutzverpackung.
1.9.3	Wie hoch sind die Preise für die Schutzverpackung?
1.9.4	Bitte differenzieren Sie Waren- und Verpackungspreise.
1.9.5	Wir gehen davon aus, daß die Verpackungskosten in Ihrem Angebotspreis enthalten sind.

1.10 Angebotspreise gemäß INCOTERMS

1.10.1	Kalkulieren Sie Ihre Angebotspreise bitte ... (hier kann eine der folgenden Möglichkeiten eingesetzt werden).

1.8.14	Quels sont vos prix d'avant-saison?
1.8.15	Nous vous prions de bien vouloir nous communiquer seulement vos prix nets, sans taxe à la valeur ajoutée.
1.8.16	Nous vous prions de faire ressortir les taxes incluses dans vos prix.
1.8.17	Nous vous prions de nous communiquer vos hors taxes.
1.8.18	Nous vous prions de nous envoyer également votre tarif pour pièces de rechange.
1.8.19	Quelle est la durée de validité prévue de votre tarif pour pièces de rechange?
1.8.20	Pouvez-vous nous garantir que durant les ... prochaines années vos prix pour pièces de rechange n'augmenteront pas plus de ... % par an?

1.9 Emballage et frais d'emballage

1.9.1	Nous comptons sur le fait que la marchandise nous parviendra sans dommage. Nous vous prions d'utiliser un emballage protecteur.
1.9.2	Nous escomptons un emballage maritime.
1.9.3	Quels sont les prix des emballages protecteurs?
1.9.4	Nous vous prions de séparer le prix des marchandises et celui des emballages.
1.9.5	Nous partons du principe que les frais d'emballage sont inclus dans le prix mentionné dans votre offre.

1.10 Offre de prix selon les Incoterms

1.10.1	Nous vous prions de bien vouloir calculer les prix que vous nous proposez ... (on peut appliquer ici l'une des possibilités suivantes).

1.10.2 FOR/FOT ... (Name des Abgangsortes)
(Bedeutung: free on rail/frei Waggon
free on truck/frei LKW
frachtfrei bis zum Abgangsort)
1.10.3 C & F ... (Name des Bestimmungsortes bzw. -hafens)
(Bedeutung: cost and freight/Kosten und Fracht
frachtfrei bis zum Bestimmungsort bzw. -hafen, ohne zusätzliche Kosten für den Käufer, aber unversichert)
1.10.4 CIF ... (Name des Bestimmungsortes bzw. -hafens)
(Bedeutung: cost, insurance, freight/Kosten, Versicherung, Fracht
frachtfrei bis zum Bestimmungsort bzw. -hafen und ohne zusätzliche Kosten für den Verkäufer, die Ware ist versichert)
1.10.5 FOB ... (Name des Verschiffungshafens)
(Bedeutung: free on board/frei an Bord
frachtfrei an Bord des Schiffes im Verschiffungshafen)

1.10.6 FAS ... (Name des Verschiffungshafens)
(Bedeutung: free alongside ship /frei Längsseite Schiff
frachtfrei bis zur Längsseite des Schiffes im Verschiffungshafen)
1.10.7 Ab Schiff ... (Name des Bestimmungshafens)
(Bedeutung: ex ship/ab Schiff
Der Verkäufer stellt dem Käufer die Ware an Bord des Schiffes im Bestimmungshafen frachtfrei, versichert und ohne zusätzliche Kosten zur Verfügung.)
1.10.8 Ab Kai, verzollt ... (Name des Bestimmungshafens)
(Bedeutung: ex quai, duty paid/ab Kai verzollt
Die verzollte Ware wird dem Käufer am Kai des Bestimmungshafens übergeben.)
1.10.9 Ab Kai, unverzollt ... (Name des Bestimmungshafens)
(Bedeutung: ex quai, duties on buyers account/ab Kai, unverzollt
Die unverzollte Ware wird dem Käufer am Kai des Bestimmungshafens übergeben. Er übernimmt die Einfuhr-Zollabfertigung.)
1.10.10 FOB Flughafen ... (Ort des Abflughafens)
(Bedeutung: FOB airport/FOB Flughafen

1.10.2   FOR/FOT ... (point de départ convenu)
(signification: free on rail/franco wagon
free on truck/franco camion
fret/port payé jusqu'au point de transfert de la marchandise)
1.10.3   C & F ... (lieu/port de destination convenu)
(signification: cost and freight/coût et fret
port/fret payé jusqu'au lieu/port de destination convenu sans frais supplémentaires pour l'acheteur mais sans assurance).
1.10.4   CIF ... (lieu/port de destination convenu)
(signification: cost, insurance, freight/coût, assurance fret
port/fret payé jusqu'au lieu de destination convenu et sans frais supplémentaires pour le vendeur, la marchandise est assurée).
1.10.5   FOB ... (port d'embarquement convenu)
(signification: free on board/franco bord
port/fret payé jusqu'au port d'embarquement et chargement à bord du navire).
1.10.6   FAS ... (port d'embarquement convenu)
(signification: free alongside ship/franco le long du navire
port/fret payé jusque sur le quai du port d'embarquement).

1.10.7   Ex ship ... (port de destination convenu)
(signification: ex ship
Le vendeur met la marchandise à la disposition de l'acheteur à bord du navire, au port de destination. Le vendeur supporte tous les frais de transport et d'assurance jusqu'à ce point).
1.10.8   A quai, dédouané ... (port convenu)
(signification: ex quai, duty paid/à quai dédouané
La marchandise dédouanée est mise à la disposition de l'acheteur sur le quai du port de destination).
1.10.9   A quai, non dédouané ... (port convenu)
(signification: ex quai, duties on buyers account/à quai non dédouané
La marchandise non dédouanée est mise à la disposition de l'acheteur sur le quai du port de destination. C'est à l'acheteur de dédouaner la marchandise en vue de son importation.
1.10.10   FOB aéroport ... (aéroport de départ convenu)
(signification: FOB airport/FOB aéroport

	Nach Übergabe der Ware an den Frachtführer, Agenten auf dem Abflughafen endet die Verpflichtung des Verkäufers.)
1.10.11	Geliefert Grenze ... (Name des Landes) (Bedeutung: delivered at frontier/geliefert Grenze Der Verkäufer liefert bis zur Zollgrenze des vereinbarten Landes. Der Käufer übernimmt die Einfuhr-Zollabfertigung.)
1.10.12	Geliefert, verzollt frei ... (Bestimmungsort) (Bedeutung: delivered, duty paid/geliefert, verzollt Der Verkäufer liefert die Ware verzollt frei Haus des Käufers.)
1.10.13	Frei Frachtführer ... (Ort) (Bedeutung: free carrier/frei Frachtführer Die Verpflichtungen des Verkäufers enden nach Übergabe der Ware an den Frachtführer am vereinbarten Ort.)
1.10.14	Frachtfrei ... (Bestimmungsort) (Bedeutung: freight/carriage paid to/frachtfrei Der Verkäufer zahlt die Fracht bis zum Bestimmungsort. Der Käufer trägt die Kosten für Versicherung, Verzollung, Zoll usw.)
1.10.15	Frachtfrei versichert bis ... (Bestimmungsort) (Bedeutung: freight/carriage and insurance paid to/frachtfrei versichert bis Bedingungen wie bei „frachtfrei", zusätzlich muß der Verkäufer die Ware auf seine Kosten gegen Verlust oder Schäden versichern.)

1.11 Zoll/Steuer

1.11.1	Wir bitten Sie, verzollt anzubieten.
1.11.2	Wir bitten Sie, unverzollt anzubieten.
1.11.3	Ihr Angebotspreis soll keine Verzollungs- und Grenzabfertigungskosten enthalten.

	Les obligations du vendeur cessent lorsqu'il a livré la marchandise au transporteur ou à l'agent à l'aéroport de départ).
1.10.11	Rendu frontière ... (nom du pays) (signification: delivered at frontier/rendu frontière Les obligations du vendeur sont remplies lorsque la marchandise est arrivée à la frontière du pays convenu. L'acheteur dédouane la marchandise en vue de son importation).
1.10.12	Rendu, droits acquittés ... (lieu de destination convenu) (signification: delivered, duty paid/rendu, droits acquittés Le vendeur livre la marchandise, droits acquittés, au domicile de l'acheteur).
1.11.13	Franco transporteur ... (point désigné) (signification: free carrier/franco transporteur Les obligations du vendeur sont remplies lorsque le transporteur prend en charge la marchandise au lieu convenu.)
1.10.14	Fret/port payé jusqu'à ... (point de destination) (signification: freight/carriage paid to/fret/port payé jusqu'à ... Le vendeur paie le fret jusqu'au lieu de destination. L'acheteur supporte les frais d'assurance, les droits de douane et autres taxes exigibles lors de l'importation).
1.10.15	Fret/port payé, assurance comprise jusqu'à ... (point de destination) (signification: freight/carriage and insurance paid to/fret/port payé, assurance comprise jusqu'à ... En outre le vendeur doit assurer la marchandise contre sa perte ou les risques d'avaries).

1.11 Douane/taxes

1.11.1	Nous vous prions de nous faire une offre, marchandise dédouanée.
1.11.2	Nous vous prions de nous faire une offre, marchandise non dédouanée.
1.11.3	Votre proposition de prix ne doit comprendre ni frais de dédouanement, ni frais pour formalités à la frontière.

1.11.4 Wir bitten Sie, verzollt/versteuert anzubieten.

1.11.5 Wir bitten Sie, unverzollt/unversteuert anzubieten. Anfallende Steuern sind extra anzugeben.

1.11.6 Unser Agent der Firma ... übernimmt die Einfuhrverzollung in ...

1.12 Lieferzeit

1.12.1 Wie sind Ihre Lieferzeiten?
1.12.2 Die Lieferung soll bis zum ... hier eintreffen.
1.12.3 Können Sie bis zum ... liefern?
1.12.4 Ist eine sofortige Lieferung möglich?
1.12.5 Wenn wir den Auftrag bis zum ... erteilen, ist die Lieferung dann bis zum ... möglich?
1.12.6 Die Ware müßte innerhalb von ... Wochen nach Auftragserteilung bei uns eintreffen.
1.12.7 Garantieren Sie die Lieferung innerhalb von ... Monaten?

1.12.8 Wir benötigen die Ware spätestens bis zum ... Bei späterem Eintreffen werden wir die Annahme verweigern.
1.12.9 Die Ware muß bis zum ... fix hier eintreffen.
1.12.10 Wir wünschen Teillieferungen ...
von je ... Partien
zu folgenden Terminen: ...

1.13 Zahlungsbedingungen

1.13.1 Teilen Sie uns bitte Ihre Zahlungsbedingungen mit.

1.11.4	Nous vous prions de nous faire une offre, marchandise dédouanée/taxes comprises.
1.11.5	Nous vous prions de nous faire une offre, marchandise non dédouanée/taxes non comprises. Les taxes à payer devront être mentionnées séparément.
1.11.6	Notre agent de la firme … prend en charge les formalités douanières à l'importation à …

1.12 Délai de livraison

1.12.1	Quels sont vos délais de livraison?
1.12.2	La livraison doit nous parvenir au plus tard le …
1.12.3	Pouvez-vous livrer d'ici le …?
1.12.4	Est-ce que vous pouvez livrer immédiatement?
1.12.5	Si nous vous faisons parvenir la commande avant le …, vous est-il possible de nous livrer avant le …?
1.12.6	La marchandise devrait nous parvenir au plus tard … semaines après la passation de la commande.
1.12.7	Pouvez-vous nous assurer que la livraison nous parviendra dans les … mois.
1.12.8	Nous avons besoin de la marchandise au plus tard le … Si elle arrive à une date ultérieure, nous la refuserons.
1.12.9	La marchandise doit nous parvenir d'ici le … dernier délai.
1.12.10	Nous voudrions des livraisons partielles … de … unités chacune aux dates suivantes: …

1.13 Conditions de paiement

1.13.1	Nous vous prions de nous communiquer vos conditions de paiement.

1.13.2	Können Sie uns ein Zahlungsziel von ... (Tagen) einräumen?
1.13.3	Wir können Ihnen den Auftrag nur erteilen, wenn Sie bereit sind, ein Zahlungsziel von ... (Zeitraum) zu gewähren.
1.13.4	Bei Lieferung möchten wir in ... (Währung) zahlen. Wären Sie einverstanden?
1.13.5	Wir zahlen ... per Verrechnungsscheck. durch Banküberweisung.
1.13.6	Wir zahlen ...% des Angebotspreises bei Auftragserteilung, den Rest ... Tage nach Lieferung.
1.13.7	Devisenkurs-Angleichungen akzeptieren wir nicht.
1.13.8	Wir sind zu Devisenkurs-Angleichungen bereit.
1.13.9	Bei Devisenkursschwankungen bis zu ...% sind wir mit neuen Preisverhandlungen einverstanden.
1.13.10	Wieviel % Skonto gewähren Sie bei sofortiger Zahlung?

1.14 Einkaufsbedingungen

1.14.1	Unserer Anfrage fügen wir unsere Einkaufsbedingungen bei.
1.14.2	Bitte nehmen Sie unsere Einkaufsbedingungen als Grundlage für alle weiteren Verhandlungen zur Kenntnis.
1.14.3	Bei Auftragserteilung akzeptieren Sie unsere Einkaufsbedingungen ohne Einschränkungen.
1.14.4	Unsere Einkaufsbedingungen verändern wir nicht.

1.13.2 Pouvez-vous nous accorder un délai de paiement de ... (jours)?

1.13.3 Nous ne pouvons vous passer la commande que si vous êtes prêts à nous accorder un délai de paiement de ... (délai).

1.13.4 Lors de la livraison, nous aimerions vous payer en ... (monnaie). Seriez-vous d'accord?

1.13.5 Nous payons
par chèque barré
par virement bancaire

1.13.6 Nous vous payons ... % du prix proposé lors de la passation de la commande, le reste ... jours après la livraison.

1.13.7 Le montant facturé doit être réglé quelles que soient les variations des taux de change.

1.13.8 Dans le cas d'une modification des taux de change, nous acceptons un paiement minoré.

1.13.9 Dans le cas d'une modification des taux de change de plus de ... % nous serions d'accord pour renégocier les prix.

1.13.10 Quel pourcentage d'escompte de réglement accordez-vous en cas de paiement immédiat?

1.14 Conditions d'achat

1.14.1 Nous joignons nos conditions d'achat à notre demande.

1.14.2 Nous vous prions de bien vouloir prendre connaissance de nos conditions d'achat qui constituent la base de toute future négociation.

1.14.3 Toure commande entraîne l'acceptation sans restriction de nos conditions d'achat.

1.14.4 Nous ne modifions pas nos conditions d'achat.

1.15 Aufforderung zum Angebot

1.15.1 Ihrem Angebot sehen wir mit Interesse entgegen.
1.15.2 Bitte erstellen Sie uns ein kostenloses Angebot.
1.15.3 Bitte senden Sie Ihr Angebot so zeitig, daß es bis zum ... hier vorliegt.
1.15.4 Wir benötigen Ihr Angebot bis zum ...
1.15.5 Am ... werden wir alle Angebote auswerten. Sorgen Sie bitte dafür, daß Ihre Unterlagen bis zu diesem Termin hier eintreffen.
1.15.6 Bis zum ... sollte Ihr Angebot hier eintreffen. Unterlagen, die wir nach diesem Termin erhalten, können wir nicht mehr berücksichtigen.
1.15.7 Da wir spätestens am ... disponieren wollen, bitten wir Sie, Ihr Angebot rechtzeitig zu erstellen.

1.16 Angebotsbindung

1.16.1 Wie lange halten Sie sich an Ihr Angebot gebunden?
1.16.2 Teilen Sie uns bitte mit, wie lange Sie sich an Ihr Angebot gebunden halten.
1.16.3 Ihr Angebot sollte die Bindungsfrist enthalten.

1.17 Referenzen

1.17.1 Herr/Frau ... von der ... (Name des Geldinstituts) ist bereit, Ihnen Auskünfte über unsere Firma zu erteilen.

1.15 Appel d'offre

1.15.1 Votre offre nous intéresse.
1.15.2 Nous supposons que votre offre est gratuite et sans engagement de notre part.
1.15.3 Nous vous prions de bien vouloir nous envoyer votre offre de façon à ce que nous la recevions avant le …
1.15.4 Nous avons besoin de votre offre d'ici le …
1.15.5 Le …, nous allons comparer toutes les offres. Nous vous prions de faire en sorte que la vôtre nous soit parvenue d'ici le …
1.15.6 Nous devrions recevoir votre offre avant le … Nous ne tiendrons pas compte de celles qui nous parviendrons après cette date.
1.15.7 Nous vous prions de nous envoyer votre offre suffisamment tôt, car nous voulons prendre notre décision au plus tard le …

1.16. Durée de validité de l'offre

1.16.1 Combien de temps votre offre est-elle valable?
1.16.2 Nous vous prions de bien vouloir nous faire savoir combien de temps votre offre est valable.
1.16.3 La durée de sa validité devrait apparaître sur votre offre.

1.17 Références

1.17.1 Monsieur/Madame … du … (nom de l'établissement financier) est prêt à vous communiquer des informations sur notre firme.

1.17.2 Auskünfte über unsere Zahlungsweise gibt Ihnen Herr/Frau ... von unserer Hausbank ...

1.17.3 Die Firma ..., mit der wir seit ... Jahren in Geschäftsbeziehungen stehen, informiert Sie gerne über uns.

1.18 Schlußsatz

1.18.1 Über Ihr Angebot würden wir uns sehr freuen und danken Ihnen im voraus für Ihre Bemühungen.
1.18.2 Wir wären erfreut, in Zukunft mit Ihnen zusammenarbeiten zu können.
1.18.3 Im voraus danken wir Ihnen für die Ausarbeitung Ihres Angebots.
1.18.4 Wir würden uns freuen, mit Ihnen unsere ehemaligen Geschäftsbeziehungen wieder aufnehmen zu können.
1.18.5 Sie würden uns sehr entgegenkommen, wenn Ihr Angebot bald bei uns eintreffen könnte. Im voraus schon vielen Dank.

1.17.2	Monsieur/Madame ... de la banque ... avec laquelle nous travaillons, vous donnera des renseignements sur la régularité de nos paiements.
1.17.3	La firme ... avec laquelle nous travaillons depuis ... ans, vous communiquera volontiers des informations à notre sujet.

1.18 Phrases de conclusion et formules de politesse

1.18.1	Nous serions très heureux de recevoir votre offre et vous remercions à l'avance de votre aide.
1.18.2	Nous serions heureux de pouvoir travailler avec vous à l'avenir.
1.18.3	Nous vous remercions à l'avance de l'offre que vous avez bien voulu préparer.
1.18.4	Nous serions heureux de pouvoir reprendre les relations d'affaires que nous avions avec vous auparavant.
1.18.5	Nous vous serions très reconnaissants si votre offre nous parvenait rapidement.

2. Begleitbrief zum Prospekt/Katalog

2. Lettre accompagnant un prospectus/catalogue

2.1 Dank für die Anfrage

2.1.1 Wir danken Ihnen für die Anfrage.
2.1.2 Herzlichen Dank für Ihr Interesse an unseren Produkten!
2.1.3 Vielen Dank für Ihr Interesse an unserem neuen Katalog/Prospekt!
2.1.4 Wir freuen uns über Ihre Anfrage.
2.1.5 Wir freuen uns über Ihr Interesse an unserem Katalog/Prospekt.

2.2 Ankündigung des Katalogs/Prospekts

2.2.1 Wir schicken Ihnen den Katalog gerne zu.
2.2.2 Mit diesem Schreiben erhalten Sie unseren Katalog.
2.2.3 Wie versprochen, schicken wir Ihnen heute die Prospekte.
2.2.4 Wie versprochen, erhalten Sie heute die Prospekte.
2.2.5 Zu Ihrer Information haben wir Ihnen unsere neuesten Prospekte mitgeschickt.
2.2.6 Als Anlage erhalten Sie den Katalog.
2.2.7 Die Prospekte liegen diesem Schreiben bei.
2.2.8 Selbstverständlich macht es uns keine Mühe, Ihnen unseren neuesten Katalog mitzuschicken.
2.2.9 Postwendend erhalten Sie die Prospekte.
2.2.10 Damit Sie sich ein Bild von unseren neuesten Produkten machen können: hier sind die druckfrischen Prospekte.
2.2.11 Sie sollen zu den ersten gehören, denen wir unseren neuen Katalog schicken.

2.1 Remerciements pour la demande

2.1.1   Nous vous remercions de votre demande.
2.1.2   Nous vous remercions de l'intérêt que vous portez à nos produits.
2.1.3   Nous vous remercions de l'intérêt que vous portez à notre nouveau catalogue/prospectus.
2.1.4   Nous nous réjouissons de votre demande.
2.1.5   Nous nous réjouissons de l'intérêt que vous portez à notre catalogue/prospectus.

2.2 Annonce de l'envoi du catalogue

2.2.1   C'est avec plaisir que nous vous envoyons le catalogue.
2.2.2   Notre catalogue vous parvient avec cette lettre.
2.2.3   Comme convenu, nous vous envoyons aujourd'hui les prospectus.
2.2.4   Comme il était convenu, vous recevez aujourd'hui les prospectus.
2.2.5   Nous vous informons que nous vous avons envoyé nos derniers prospectus.
2.2.6   Veuillez trouver ci-joint notre catalogue.
2.2.7   Vous trouverez nos prospectus avec cette lettre.
2.2.8   Bien évidemment, ce n'est pas un problème pour nous de vous envoyer notre dernier catalogue.
2.2.9   Vous recevrez les prospectus par retour du courrier.
2.2.10 Afin que vous puissiez vous faire une idée de nos derniers produits: voici nos prospectus qui viennent d'être imprimés.
2.2.11 Vous devez être parmi les premiers à qui nous envoyons notre nouveau catalogue.

2.3 Besondere Hinweise

2.3.1 Bitte beachten Sie vor allem die Seiten ...–... Hier finden Sie unsere aktuelle Saisonware.
2.3.2 Dürfen wir Ihr Augenmerk besonders auf die Seiten ...–... lenken, auf denen Sie unsere neuesten Produkte kennenlernen können.
2.3.3 Wir wünschen Ihnen viel Spaß beim Durchblättern. Vielleicht macht Sie die Seite ... stutzig. Der extrem niedrige Preis für den ... (Artikel) ist kein Druckfehler! Er ist wirklich so günstig.
2.3.4 Bitte schauen Sie sich unsere Prospekte in Ruhe an. Sie werden schon einige Zeit brauchen, um herauszufinden, warum wir so viel Qualität für so wenig Geld anbieten.
2.3.5 Prüfen Sie unseren Katalog genau. Dann werden auch Sie der Meinung sein: Unsere Produkte können sich sehen lassen.

2.4 Kontakt halten

2.4.1 Wann dürfen wir mit Ihrer Bestellung rechnen?
2.4.2 Wann dürfen wir auf Ihre Bestellung hoffen?
2.4.3 Gefallen Ihnen unsere ... (Artikel)?
2.4.4 Wenn Sie weitere Informationen wünschen, fragen Sie unseren Mitarbeiter, Herrn ...
2.4.5 Falls Sie noch Fragen haben, wenden Sie sich bitte an unseren Mitarbeiter, Herrn ...
2.4.6 Herr ... steht Ihnen gerne für weitere Fragen zur Verfügung.
2.4.7 Wenn Sie mehr wissen wollen über ..., rufen Sie uns an: Tel.: ...

2.3 Remarques particulières

2.3.1 Veuillez porter une attention toute particulière aux pages ... C'est là que vous trouverez notre article choc de la saison.
2.3.2 Nous nous permettons d'attirer particulièrement votre attention sur les pages ... où vous pourrez découvrir nos derniers produits.
2.3.3 Nous espérons que vous feuilleterez notre catalogue avec plaisir. Peut-être la page ... vous étonnera-t-elle. Le prix extrêmement bas de ... (article) n'est pas une faute d'impression! Il est réellement avantageux.
2.3.4 Nous vous prions de regarder nos prospectus tranquillement. Vous aurez certainement besoin d'un peu de temps pour découvrir pourquoi nous offrons une telle qualité à des prix si bas.
2.3.5 Consultez attentivement notre catalogue. Vous serez alors également d'avis que nos produits peuvent supporter la concurrence.

2.4 Garder le contact

2.4.1 Quand pouvons-nous compter sur votre commande?
2.4.2 Quand pouvons-nous espérer votre commande?
2.4.3 Est-ce que nos ... (articles) vous conviennent?
2.4.4 Si vous désirez d'autres informations, veuillez prendre contact avec notre collaborateur Monsieur ...
2.4.5 Si vous avez d'autres questions, veuillez contacter notre collaborateur Monsieur ...
2.4.6 Monsieur ... est à votre disposition si vous avez d'autres questions.
2.4.7 Si vous désirez en savoir plus sur ... téléphonez-nous: tél.: ...

2.5 Der Brief zum Katalog

2.5.1 Sehr geehrter Herr ...,

für Ihre Katalog-Anfrage danken wir Ihnen herzlich! Umgehend möchten wir sie mit diesem Schreiben beantworten.
Dem Katalog haben wir alle wichtigen Informationen beigefügt. So finden Sie auf der letzten Seite unsere Preisliste, die bis zum ... (Datum) gilt.
Doch was sagt der Preis allein schon aus? Erst das Design und die Qualität unserer ... (Artikel) machen den Wert der Produkte aus. Und die werden Ihnen sicher gefallen!
Falls Sie noch Fragen haben – unser Mitarbeiter, Herr ..., steht Ihnen immer zur Verfügung. Rufen Sie ihn an : Tel.: ...

Mit freundlichen Grüßen
Ihr

Anlage
Katalog

2.5.2 Vielen Dank für Ihre Anfrage vom ... (Datum)!

Sehr geehrte Damen und Herren,

selbstverständlich schicken wir Ihnen gerne unseren Gesamtkatalog für die Saison 19..
Wieder können wir unsere Kunden mit einigen erlesenen Besonderheiten erfreuen. Schauen Sie einmal auf die Seite ...
Hier finden Sie – auf einen Blick – unsere äußerst günstigen Angebote.
Wir würden uns freuen, wenn auch Ihnen unsere neuesten Produkte gefielen.

2.5 La lettre d'envoi du catalogue

2.5.1 Monsieur,

Nous vous remercions de votre demande de catalogue. C'est par retour du courrier que nous vous répondons.

Vous trouverez dans notre catalogue toutes les informations importantes. C'est ainsi que vous trouverez en dernière page notre liste de prix valable jusqu'au ... (date).

Néanmoins, que signifie, à lui seul, le prix? C'est le design et la qualité de nos ... (article) qui font que nos produits ont de la valeur. Et ceux-ci vous plaisent certainement.

Au cas ou vous auriez d'autres questions, notre collaborateur Monsieur ... est toujours à votre dispositon. Vous pouvez l'appeler au n° suivant:

Nous vous prions d'agréer, Monsieur, l'expression de nos sentiments les meilleurs.

Pièce jointe

Catalogue

2.5.2 Mesdames, Messieurs,

Nous vous remercions pour votre demande de ... (date) et c'est bien naturellement que nous vous envoyons notre catalogue complet pour la saison 19..

Nous pouvons faire plaisir à nos clients en leur présentant quelques articles spécialement sélectionnés. Regardez à la page ... D'un coup d'œil, vous y trouverez nos offres les plus avantageuses.

Nous serions heureux d'apprendre que nos derniers produits vous plaisent également.

Sollten Sie noch Fragen haben, wenden Sie sich bitte an unseren Mitarbeiter, Herrn ... Er hilft Ihnen gerne weiter.

Mit den besten Wünschen
Ihr

Anlage
Katalog

2.6 Der Brief zum Prospekt

2.6.1 Für Ihr Interesse an unseren Produkten,
sehr geehrter Herr ...,

danken wir Ihnen herzlich. Und damit Sie mehr Informationen über unsere ... (Artikel) erhalten, schicken wir Ihnen mit diesem Schreiben einige Prospekte über unsere gängigsten Produkte.
Seit 19.. führen wir die ... (Artikel) auf dem englischen Markt – mit großem Erfolg. Dank ständig wachsender Nachfrage können wir Ihnen heute Konditionen bieten, die Preis und Leistung in einem außergewöhnlichen Verhältnis erscheinen lassen.
Bitte kalkulieren Sie genau. Wir müssen den Vergleich mit anderen Anbietern nicht scheuen. Doch zum Schluß werden Sie feststellen: Die ... GmbH bietet Ihnen immer ein kleines bißchen mehr!

Mit freundlichen Grüßen
Ihr
PS: Falls Sie weitere Informationen wünschen, wenden Sie sich bitte an unseren Mitarbeiter, Herrn ...

Anlage
Prospekte

Si vous avez encore d'autres questions, veuillez contacter notre collaborateur Monsieur ... Il vous aidera volontiers.
Nous vous prions d'agréer, Monsieur, l'expression de nos sentiments les meilleurs.
Pièce jointe

Catalogue

2.6 La lettre d'envoi du prospectus

2.6.1 Monsieur,

Nous vous remercions de l'intérêt que vous portez à nos produits. Afin que vous ayez plus d'informations sur nos ... (article) nous joignons à la présente quelques prospectus sur les produits que nous vendons le plus.
Depuis 19.. nous vendons les ... (articles) sur le marché anglais où nous sommes très performants. Grâce à une demande sans cesse croissante, nous pouvons aujourd'hui vous offrir des conditions qui font apparaître un rapport qualité/prix exceptionnel.
Faites vos calculs. Nous ne craignons pas la comparaison avec d'autres concurrents. Mais finalement vous constaterez: la SARL ... vous offre toujours un petit quelque chose en plus.
Nous vous prions d'agréer, Monsieur, l'expression de nos sentiments les meilleurs.
P.S. Au cas où vous souhaiteriez d'autres informations, veuillez vous adresser à notre collaborateur Monsieur ...

Pièce jointe

Prospectus

3. Begleitbrief zum Angebot

3. Lettre jointe à une offre

3.1 Danken

3.1.1 Herzlichen Dank für Ihr Interesse an unseren Produkten. Mit diesem Brief erhalten Sie unser Angebot.
3.1.2 Vielen Dank, daß Sie uns bei Ihrer Anfrage berücksichtigt haben. Unser Angebot liegt diesem Brief bei.
3.1.3 Es hat uns sehr gefreut, von Ihnen wieder eine Anfrage zu erhalten. Das Angebot haben wir Ihnen – wie immer – unverzüglich ausgearbeitet.
3.1.4 Vielen Dank für Ihre Anfrage. Wie Sie aus dem beiliegenden Angebot und den weiteren Unterlagen ersehen, können wir die von Ihnen benötigten ... (Artikelbezeichnung) zu günstigen Konditionen liefern.
3.1.5 Vielen Dank für Ihre Anfrage. Das Angebot liegt diesem Brief bei. Es berücksichtigt alle Ihre Wünsche, und wir sind sicher, daß es einem kritischen Vergleich mit dem Wettbewerb standhält.

3.2 Änderungen möglich

3.2.1 Wir sind gerne bereit, über geringfügige Änderungen mit Ihnen zu verhandeln.
3.2.2 Ihre Wünsche und Vorschläge zu unserem Angebot werden wir gerne berücksichtigen.
3.2.3 Kleine Änderungen des Angebotes sind noch möglich.

3.1 Remerciements

3.1.1 Nous vous remercions de l'intérêt que vous portez à nos produits. Vous trouverez notre offre en annexe.
3.1.2 Nous vous remercions de vous être adressé à nous pour cet appel d'offre. Veuillez trouver ci-joint notre offre.
3.1.3 Cela nous a fait très plaisir de recevoir de nouveau un appel d'offre de votre part. Comme toujours, c'est sans retard que nous vous avons préparé une offre.
3.1.4 Nous vous remercions de votre appel d'offre. Comme vous pouvez le constater sur l'offre ci-jointe, ainsi que sur les autres documents, nous pouvons vous livrer les ... (désignation de l'article) à des conditions avantageuses.
3.1.5 Nous vous remercions de votre appel d'offre. Veuillez trouver ci-joint notre offre. Nous avons tenu compte de toutes vos demandes et nous sommes certains que notre offre pourra soutenir la comparaison avec celles de nos concurrents.

3.2 Modifications possibles

3.2.1 Nous sommes volontiers prêts à négocier avec vous quelques modifications mineures.
3.2.2 Nous sommes volontiers prêts à prendre en compte vos désirs et vos propositions concernant notre offre.
3.2.3 Il est encore possible d'apporter de petites modifications à l'offre.

4. Angebot

4. Offre

4.1 Einleitung

4.1.1 Verbindliches Angebot

4.1.1.1 Vielen Dank für Ihre Anfrage vom ... (Datum). Auf der Grundlage unserer Verkaufs- und Lieferbedingungen bieten wir Ihnen verbindlich an:

4.1.1.2 Wir freuen uns, daß Sie uns mit Ihrer Anfrage vom ... (Datum) berücksichtigt haben. Vielen Dank. Zu unseren Verkaufs- und Lieferbedingungen bieten wir Ihnen verbindlich an:

4.1.2 Freibleibendes Angebot

4.1.2.1 Wir freuen uns über Ihre Anfrage vom ... (Datum) und haben Ihnen gern das gewünschte Angebot erstellt. Wie gewünscht bieten wir Ihnen freibleibend an:

4.1.2.2 Vielen Dank für Ihre Anfrage vom ... (Datum). Wir freuen uns, Ihnen das folgende freibleibende Angebot machen zu können:

4.1.2.3 Vielen Dank für Ihr Interesse an unseren ... (Artikelbezeichnung). Wir bieten Ihnen aufgrund Ihrer Anfrage vom ... (Datum) unverbindlich an:

4.1.3 Solange Vorrat reicht

4.1.3.1 Vielen Dank für Ihre Anfrage vom ... (Datum). Gerne machen wir Ihnen das folgende Angebot, soweit der Vorrat reicht.

4.1.3.2 Für Ihre Anfrage vom ... (Datum) danken wir Ihnen. Beachten Sie bitte, daß das folgende Angebot gilt, solange der Vorrat reicht.

4.1 Introduction

4.1.1 Offre ferme

4.1.1.1 Nous vous remercions de votre lettre du ... (date). Sur la base de nos conditions de vente et de livraison, nous vous soumettons l'offre suivante:

4.1.1.2 Nous sommes très heureux d'avoir reçu votre appel d'offre du ... Merci d'avoir pensé à nous. Nous vous soumettons l'offre suivante aux conditions de vente et de livraison habituelles à notre maison:

4.1.2 Offre sans engagement

4.1.2.1 C'est avec plaisir que nous avons reçu votre lettre du ... (date) et avons préparé l'offre que vous souhaitiez. Celle-ci reste sans engagement de votre part:

4.1.2.2 Nous vous remercions de votre lettre du ... (date). C'est avec plaisir que nous vous soumettons l'offre suivante qui reste sans engagement de votre part:

4.1.2.3 Nous vous remercions de l'intérêt que vous portez à notre ... (nom de l'article). Suite à votre demande du ... (date), nous vous soumettons, sans engagement de votre part, l'offre suivante:

4.1.3 Jusqu'à épuisement des stocks

4.1.3.1 Nous vous remercions de votre lettre du ... (date). C'est avec plaisir que nous vous soumettons l'offre suivante qui reste valable jusqu'à épuisement des stocks.

4.1.3.2 Nous vous remercions de votre lettre du ... (date). Nous vous prions de bien vouloir noter que l'offre suivante n'est valable que jusqu'à épuisement des stocks.

4.1.3.3　　Gerne kommen wir Ihrem Wunsch nach und machen Ihnen unser Angebot, bei dem der Zwischenverkauf vorbehalten ist.

4.1.4　　Befristetes Angebot

4.1.4.1　　Haben Sie vielen Dank für Ihre Anfrage vom ... (Datum). Bis zum ... (Datum) halten wir uns an das folgende Angebot gebunden.
4.1.4.2　　Vielen Dank für Ihre Anfrage ... (Datum). Unser folgendes Angebot ist bis zum ... (Datum) gültig.
4.1.4.3　　Ihre Anfrage haben wir erhalten. Wir können Ihnen bis zum ... (Datum) anbieten:

4.2　　Artikelangabe

4.2.1　　... (Mengenangabe) ... (Artikelbezeichnung) entsprechend Muster / Katalogbeschreibung / Prospektbeschreibung / Güteklasse / Handelsklasse / Gütezeichen zum Preis von (je) ...
4.2.2　　... (Mengenangabe) ... (Artikelbezeichnung) in Farbe ...
4.2.3　　... (Mengenangabe) ... (Artikelbezeichnung), Größe ...

4.3　　Verpackung

4.3.1　　Die Verpackungskosten sind im Preis bereits enthalten.
4.3.2　　Die Verpackungskosten sind nicht im Preis enthalten.

4.3.3　　Der Preis gilt für das Netto/Brutto-Warengewicht.
4.3.4　　Für die Verpackung berechnen wir ...

4.1.3.3   C'est avec plaisir que nous essayons de satisfaire vos désirs. Nous vous soumettons une offre sous réserve de vente intermédiaire.

4.1.4   Offre limitée

4.1.4.1   Nous vous remercions de votre lettre du ... (date). Nous garantissons l'offre suivante jusqu'au ... (date).

4.1.4.2   Nous vous remercions de votre lettre du ... (date). L'offre suivante est valable jusqu'au ... (date).

4.1.4.3   Nous avons bien reçu votre lettre. Nous pouvons vous soumettre l'offre suivante jusqu'au ... (date):

4.2   Information sur l'article

4.2.1   ... (quantité) ... (désignation de l'article) correspondant à l'échantillon/la description du catalogue/la description du prospectus/catégorie/qualité/label au prix de (l'unité) ...

4.2.2   ... (quantité) ... (désignation de l'article) de couleur ...

4.2.3   ... (quantité) ... (désignation de l'article) taille ...

4.3   Emballage

4.3.1   Les frais d'emballage sont inclus dans le prix.

4.3.2   Les prix indiqués ne comprennent pas les frais d'emballage/ Les frais d'emballage sont en sus.

4.3.3   Le prix s'entend marchandise poids net/poids brut.

4.3.4   Pour l'emballage, nous facturons ...

4.4 Zusätzliche Kosten

4.4.1 Die Preise enthalten die Zollabgaben und die Kosten für die Grenzabfertigung.
4.4.2 Die Preise enthalten keine Zollabgaben und keine Kosten für die Grenzabfertigung.
4.4.3 Alle Preise sind ohne Mehrwertsteuer.

4.5 Liefertermin

4.5.1 Wir liefern sofort nach Eingang der Bestellung.
4.5.2 Die Lieferung erfolgt ... Tage/Wochen nach Eingang der Bestellung.
4.5.3 Sie erhalten ... (Mengenangabe) sofort nach Eingang der Bestellung, ... (Mengenangabe) zum ... (Datum).
4.5.4 Wir liefern bis zum ... (Datum) fix.
4.5.5 Bis zum ... (Datum) liefern wir die Ware, vorausgesetzt, daß Ihre Bestellung bis zum ... (Datum) bei uns eintrifft.

4.5.6 Liefertermin ist in der ersten/zweiten Hälfte ... (Monat).

4.5.7 Sie können die Ware auf Abruf bestellen.

4.6 Rabatte

4.6.1 Bei Bestellung bis zum ... (Datum) erhalten Sie einen Rabatt von ... Prozent.
4.6.2 Bei Bestellung von über ... (Mengenangaben) erhalten Sie einen Rabatt von ... Prozent.
4.6.3 Für Sie beträgt der Rabatt auf die Listenpreise wie bisher ... Prozent.

4.4 Frais supplémentaires

4.4.1 Les droits de douane et les frais de dédouanement sont inclus dans les prix.
4.4.2 Les droits de douane et les frais de dédouanement ne sont pas inclus dans les prix.
4.4.3 Tous les prix sont hors taxe.

4.5 Délai de livraison

4.5.1 Nous livrons dès réception de la commande.
4.5.2 La livraison est effectuée ... jours/semaines après réception de la commande.
4.5.3 Vous recevrez ... (quantité) dès réception de la commande, ... (quantité) le ... (date).
4.5.4 Nous nous engageons à livrer d'ici le ... (date).
4.5.5 Nous livrerons la marchandise d'ici le ... (date) à condition toutefois que votre commande nous parvienne d'ici le ... (date).
4.5.6 La livraison sera effectuée dans la première/deuxième quinzaine de ... (mois).
4.5.7 Vous pouvez commander la marchandise sur appel.

4.6 Réduction de prix

4.6.1 Si vous passez votre commande avant le ... (date), nous vous accordons une réduction de ... pour cent.
4.6.2 Si vous commandez plus de ... (quantité), nous vous accordons une remise de ... pour cent.
4.6.3 Comme toujours, la ristourne calculée sur les prix de catalogue s'élève pour vous à ... pour cent.

4.7 Zahlungsweise

4.7.1 Wir räumen Ihnen ein Zahlungsziel von ... Tagen/Wochen/ Monaten ein.
4.7.2 Zahlung innerhalb von ... Tagen nach Lieferung ohne Abzug.
4.7.3 Zahlung ... Prozent Skonto innerhalb von ... Tagen, ... Tage netto.
4.7.4 Die Zahlung erfolgt gegen bestätigtes Akkreditiv/unwiderrufliches Akkreditiv/widerrufliches Akkreditiv gegen Übergabe folgenden Dokumentes
4.7.5 Die Zahlung erfolgt
4.7.5.1 nach Rechnungserhalt.
4.7.5.2 gegen Vorlage folgender Dokumente:
4.7.5.3 durch Aushändigung eines Akzepts bei Übergabe folgender Dokumente:
4.7.5.4 durch Kasse bei Dokumentenübergabe.
4.7.6 Für die Zahlung eröffnen Sie bitte ein unwiderrufliches Akkreditiv bei ... (Bank) in ... (Ort).
4.7.7 Dies sind unsere Zahlungsbedingungen:

4.8 Gewährleistung

4.8.1 Auf alle ... (Artikelbezeichnung) geben wir ... Monate Garantie.
4.8.2 Die Garantiezeit beträgt ... Monate.
4.8.3 Sie haben ... Monate Garantie auf alle ... (Artikelbezeichnung).
4.8.4 Die Garantie beginnt mit/am ...
4.8.5 Die Gewährleistung umfaßt alle/nur die/nicht die ...

4.7 Mode de paiement

4.7.1	Nous vous accordons un délai de paiement de ... jours/semaines/mois.
4.7.2	Paiement dans les ... jours après la livraison, sans retenue.
4.7.3	Paiement ... pour cent d'escompte si règlement dans les ... jours, règlement net dans les ... jours.
4.7.4	Le paiement est effectué par crédit documentaire confirmé/crédit documentaire irrévocable/crédit documentaire révocable/contre remise du document suivant.
4.7.5	Le paiement est effectué
4.7.5.1	dès réception de la facture.
4.7.5.2	contre présentation des documents suivants:
4.7.5.3	par l'envoi d'une lettre de change acceptée lors de la remise des documents suivants:
4.7.5.4	comptant contre documents.
4.7.6	Pour le paiement, nous vous prions d'ouvrir un crédit documentaire irrévocable auprès de la ... (banque) à ... (lieu).
4.7.7	Nos conditions de paiement sont les suivantes:

4.8 Garantie

4.8.1	Nous accordons une garantie de ... mois sur tous nos ... (désignation de l'article).
4.8.2	La garantie est de ... mois.
4.8.3	Vous avez ... mois de garantie sur tous nos ... (désignation de l'article).
4.8.4	La garantie est valable à partir du ...
4.8.5	La garantie couvre tous les .../couvre seulement .../ne couvre pas les ...

4.9 Anlagen

4.9.1 Wir haben Ihnen zur Information unseren neuen Katalog/ unseren Prospekt/einen aktuellen Artikel aus der Fachzeitschrift ... (Name) beigelegt.
4.9.2 Detaillierte Informationen finden Sie in den beigelegten Unterlagen.
4.9.3 Die Seiten ... und ... im beigelegten Katalog/Prospekt sind für Sie besonders interessant.
4.9.4 Der beigelegte Katalog/Prospekt gibt Ihnen einen Überblick über unser komplettes Angebot.

4.10 Schlußsatz

4.10.1 Wir hoffen, daß Ihnen unser Angebot zusagt, und freuen uns auf Ihre Bestellung.
4.10.2 Wir freuen uns auf Ihren Auftrag.
4.10.3 Wir sind sicher, daß Ihnen unser Angebot zusagt, und freuen uns auf Ihren Auftrag.
4.10.4 Schon heute sichern wir ihnen sorgfältige Ausführung Ihres Auftrages zu.
4.10.5 Über eine Geschäftsverbindung mit Ihrem Unternehmen würden wir uns freuen.
4.10.6 Über Ihre Bestellung würden wir uns freuen. Schon heute sichern wir Ihnen sorgfältige Durchführung zu.
4.10.7 Es wäre schön, wenn das Angebot Ihren Vorstellungen entspräche. Wir freuen uns auf Ihre Bestellung.
4.10.8 Wir wären geehrt, wenn wir nach langer Zeit noch einmal für Sie arbeiten dürften.

4.9 Pièces jointes

4.9.1   A titre d'information, nous vous joignons notre nouveau catalogue/notre prospectus/un article récent tiré de la revue spécialisée ... (nom).
4.9.2   Vous trouverez des informations détaillées dans la documentation ci-jointe.
4.9.3   Les pages ... et ... du catalogue/prospectus ci-joint vous intéresseront particulièrement.
4.9.4   Le catalogue/prospectus ci-joint vous donne un aperçu de tous nos produits/articles.

4.10 Phrases de conclusion

4.10.1   Nous espérons que notre offre vous conviendra et serions heureux de recevoir une commande de votre part.
4.10.2   C'est avec plaisir que nous recevrons votre commande.
4.10.3   Nous sommes certains que notre offre vous conviendra, et c'est avec plaisir que nous recevrons votre commande.
4.10.4   Nous pouvons vous assurer dès aujourd'hui d'une exécution soignée de votre commande/que nous exécuterons votre commande avec soin.
4.10.5   Nous serions très heureux de pouvoir établir des relations d'affaires avec votre entreprise.
4.10.6   C'est avec plaisir que nous recevrons une commande de votre part. Nous pouvons déjà vous assurer que celle-ci sera exécutée avec soin.
4.10.7   Nous serions heureux d'apprendre que notre offre vous convient. Nous attendons votre commande.
4.10.8   Nous serions très honorés de pouvoir, après si longtemps, travailler de nouveau avec vous.

4.10.9   An der Zusammenarbeit mit Ihrem Unternehmen liegt uns viel. Deshalb hoffen wir auf Ihre Bestellung und sichern Ihnen schon heute sorgfältige Arbeit zu.

4.10.9   Nous aimerions beaucoup travailler avec votre entreprise. C'est pourquoi nous espérons recevoir une commande de votre part. Nous pouvons d'ores et déjà vous assurer que celle-ci sera exécutée avec soin.

5. Antwort auf Angebot

5. Réponse à une offre

5.1 Zwischenbescheid auf Angebot

5.1.1 Einleitung

5.1.1.1 Ihr Angebot vom ... (Datum) über ... (Waren) haben wir erhalten.
5.1.1.2 Vielen Dank für Ihr Angebot vom ...
5.1.1.3 Wir haben uns sehr gefreut, daß Sie das Angebot so schnell erstellt haben. Es ist heute hier eingetroffen, vielen Dank.

5.1.1.4 Sie haben das Angebot sehr schnell erstellt, schon gestern ist es bei uns eingetroffen. Dafür danken wir Ihnen ganz herzlich.

5.1.2 Termin nennen

5.1.2.1 Bis zum ... (Datum) werden wir alle Angebote prüfen und Sie anschließend sofort über das Ergebnis informieren.
5.1.2.2 Haben Sie bitte noch ein wenig Geduld. Sobald wir alle Angebote verglichen haben – das wird etwa am ... (Datum) sein – werden wir Ihnen Bescheid geben.
5.1.2.3 Die Frist für die Abgabe der Angebote endet am ... (Datum). Danach werden wir alle Angebote sorgfältig prüfen und Sie sofort benachrichtigen. Bitte haben Sie bis dahin noch ein wenig Geduld.

5.2 Bitte um weitere Informationen

5.2.1 Einleitung

5.2.1.1 Ihr Angebot vom ... (Datum) ist gestern hier eingetroffen. Haben Sie herzlichen Dank. Wir sind an der Zusammenarbeit mit Ihnen interessiert und haben deshalb noch eine Frage/noch einige Fragen.

5.1 Première réponse à une offre

5.1.1 Introduction

5.1.1.1 Nous avons bien reçu votre lettre du ... (date) concernant nos ... (marchandises)
5.1.1.2 Nous vous remercions de votre offre du ...
5.1.1.3 Nous avons été très heureux que vous ayez pu préparer l'offre si rapidement. Elle nous est parvenue aujourd'hui, nous vous en remercions.
5.1.1.4 Vous avez préparé notre offre très rapidement; nous l'avons déjà reçue hier. Nous vous en remercions.

5.1.2 Indication de délai

5.1.2.1 D'ici le ... (date), nous allons examiner toutes les offres, puis nous vous informerons immédiatement du résultat.
5.1.2.2 Nous vous prions de patienter encore un peu. Dès que nous aurons examiné toutes les offres – cela sera terminé vers le ... (date) – nous vous informerons.
5.1.2.3 Les offres doivent être soumises avant le ... (date). Après cette date, nous les examinerons toutes attentivement et vous informerons immédiatement. D'ici là, nous vous prions de bien vouloir patienter encore un peu.

5.2 Demande d'informations complémentaires

5.2.1 Introduction

5.2.1.1 Nous avons reçu hier votre offre du ... (date) et nous vous en remercions. Nous aimerions beaucoup travailler avec vous, aussi nous avons encore une question/quelques questions à vous poser.

5.2.1.2 Ihr Angebot vom ... (Datum) haben wir erhalten. Wir könnten uns durchaus eine Zusammenarbeit mit Ihnen vorstellen, benötigen jedoch zuvor noch eine Auskunft/einige Auskünfte.

5.2.1.3 Vielen Dank für Ihr Angebot vom ... (Datum), es ist sehr interessant. Bevor wir uns jedoch entscheiden, bitten wir Sie, uns die folgende Frage/die folgenden Fragen zu beantworten.

5.2.2 Fragen

5.2.2.1 Entspricht das Gerät mit der Artikelbezeichnung ... dem mit der Bezeichnung ... im Prospekt?
5.2.2.2 Ist (Artikel) identisch mit dem im Katalog auf Seite ... abgebildeten?
5.2.2.3 Ist die Beschaffenheit des/der ... (Artikel) gemäß Handelsmarke/Warenzeichen/Gütezeichen?
5.2.2.4 Gilt der Preis je ... (Mengeneinheit/Maßeinheit)?

5.2.2.5 Enthält der Preis bereits die Verpackungskosten, und wenn ja, in welcher Höhe?
5.2.2.6 Werden die Verpackungskosten zum Warenwert hinzugerechnet?
5.2.2.7 Bitte geben Sie uns noch Ihren Mengenrabatt bei der Abnahme von ... (Mengeneinheit/Maßeinheit) an.

5.2.2.8 Bitte geben Sie uns noch Ihre Mengenrabatte an.

5.2.2.9 Gelten Ihre Konditionen ab Werk/ab Lager/frei Werk/frei Lager/frei Haus/frei Empfangsstation/frei Waggon/frei Kai/ frei Schiff?
5.2.2.10 Können Sie sofort liefern?
5.2.2.11 Ist Fixkauf zum ... (Datum) möglich, wenn wir bis zum ... (Datum) bestellen?
5.2.2.12 Ist Lieferung auf Abruf möglich?
5.2.2.13 Ist eine Teillieferungs-Vereinbarung möglich?

5.2.1.2   Nous avons reçu votre offre du ... (date). Travailler avec vous nous paraît tout à fait du domaine du possible, néanmoins nous avons encore besoin d'un renseignement/de quelques renseignements.

5.2.1.3   Nous vous remercions beaucoup de votre offre du ... (date) qui est très intéressante. Néanmoins, avant de prendre une décision, nous vous prions de bien vouloir répondre à la question suivante/aux questions suivantes.

5.2.2   Questions

5.2.2.1   Est-ce que l'appareil ainsi décrit ... correspond au numéro ... du prospectus?

5.2.2.2   Est-ce que le ... (article) est identique à celui reproduit page ... du catalogue?

5.2.2.3   Est-ce que la qualité du/de la ... (article) correspond à la griffe/à la marque/au label de qualité?

5.2.2.4   Le prix s'applique-t-il pour ... (unité quantitative/unité de mesure)?

5.2.2.5   Les frais d'emballage sont-ils compris dans le prix et si oui, à combien s'élèvent-ils?

5.2.2.6   Est-ce que les frais d'emballage s'ajoutent au prix de la marchandise?

5.2.2.7   Pouvez-vous également nous communiquer le montant de la remise accordée pour une commande de ... (unité quantitative/unité de mesure).

5.2.2.8   Pouvez-vous nous faire savoir également le montant de vos remises?

5.2.2.9   Vos conditions sont-elles valables ex usine/ex magasin/rendu usine/rendu magasin/port payé/franco gare/franco wagon/à quai/ex ship?

5.2.2.10 Pouvez-vous livrer immédiatement?

5.2.2.11 Vous engagez-vous à livrer le ... (date), si nous commandons le ... (date)?

5.2.2.12 Livrez-vous sur appel?

5.2.2.13 Acceptez-vous d'effectuer des livraisons partielles?

5.2.2.14	Bitte geben Sie uns Ihre Zahlungsbedingungen an.
5.2.2.15	Welche Gewährleistung bieten Sie?

5.2.3 Schlußsatz

5.2.3.1	Für die schnelle Beantwortung unserer Frage/Fragen sind wir Ihnen dankbar.
5.2.3.2	Je schneller Sie unsere Fragen beantworten, desto schneller können wir liefern. Vielen Dank.
5.2.3.3	Bitte beantworten Sie unsere Fragen möglichst bald. Für Ihre Mühe danken wir Ihnen schon heute.

5.3 Bitte um Änderung

5.3.1	Ihr Angebot vom ... (Datum) ist (heute/gestern) bei uns eingetroffen. Haben Sie vielen Dank für die schnelle und sorgfältige Ausarbeitung.
5.3.2	Wir können uns gut vorstellen, daß es auf dieser Grundlage zu einer längeren Zusammenarbeit zwischen Ihnen und uns kommt, denn Ihr Angebot sagt uns im großen und ganzen zu. Bevor wir bestellen, bitten wir Sie jedoch um eine Änderung.
5.3.3	Wir haben die Stelle auf der beigelegten Kopie markiert. Bitte senden Sie uns das geänderte Angebot zu.
5.3.4	Vielen Dank für Ihr Angebot und vor allem für die sorgfältige Ausarbeitung.
5.3.5	Ihre Konditionen können sich auf dem Markt durchaus sehen lassen, allerdings haben sich vermutlich Übermittlungsfehler eingeschlichen. Bitte ändern Sie noch die folgenden/auf der Kopie des Angebotes markierten Punkte.

5.2.2.14   Nous vous prions de nous indiquer vos conditions de paiement.
5.2.2.15   Quel type de garantie offrez-vous?

5.2.3   Phrases de conclusion

5.2.3.1   Nous vous saurions gré de bien vouloir nous répondre rapidement.
5.2.3.2   Plus vite vous répondrez à nos questions, plus vite nous vous livrerons. Merci beaucoup.
5.2.3.3   Nous vous prions de nous répondre le plus tôt possible. Nous vous en remercions à l'avance.

5.3   Demande de modification

5.3.1   Nous avons reçu aujourd'hui/hier votre offre du ... (date). Nous vous remercions de votre promptitude et du soin que vous y avez apporté.
5.3.2   Dans de telles conditions, nous pensons qu'une coopération durable entre votre entreprise et la nôtre est tout à fait possible; de plus votre offre correspond en général à ce que nous recherchons. Néanmoins, avant de vous passer une commande, nous vous prions de bien vouloir modifier un point.
5.3.3   Nous avons indiqué ce point sur la copie ci-jointe. Nous vous prions de nous envoyer alors votre nouvelle offre.
5.3.4   Nous vous remercions de votre offre et surtout du soin que vous y avez apporté.
5.3.5   Vos conditions peuvent tout à fait soutenir la comparaison, néanmoins, nous pensons que quelques erreurs de transcription se sont glissées. Nous vous prions de bien vouloir changer les points suivants/les points indiqués en rouge sur la copie de l'offre.

6. Referenzanforderung

6. Demande de références

6.1 Anlaß der Referenzanforderung

6.1.1 Wir beabsichtigen, in Kürze mit der Firma ... weitreichende Geschäftsbeziehungen aufzunehmen.
6.1.2 Von der Firma ... haben wir einen Auftrag in Höhe von ... erhalten.
6.1.3 Wir möchten unsere Geschäftsbeziehungen mit der Firma ... beträchtlich erweitern.
6.1.4 Die Firma ... bittet uns um ein Zahlungsziel von ... Monaten.
6.1.5 Die Firma ... wünscht Lieferung auf Kredit in Höhe von ...
6.1.6 Die Firma ... bietet uns eine Geschäftsbeteiligung an.
6.1.7 Über die Firma ... wurde mir eine Beteiligung an Firma ... angeboten.
6.1.8 Sie stehen in der Referenzliste der Firma ...
6.1.9 Ihre Firma wurde uns von Herrn/Frau ... der Firma ... als Referenz genannt.
6.1.10 Die Firma ... hat uns ein interessantes Angebot gemacht und Sie als Referenz angegeben.
6.1.11 Wir planen, eine Geschäftsneugestaltung von der Firma ... durchführen zu lassen. Wie wir gehört haben, ist ein ähnlicher Auftrag von derselben Firma bei Ihnen ausgeführt worden.
6.1.12 Unsere Produktionsanlage soll auf Maschinen der Firma ... umgestellt werden. In Ihrem Betrieb wird mit den gleichen Maschinen gearbeitet.
6.1.13 Herr/Frau ... hat Sie als Referenz genannt.

6.1.14 Herr/Frau ... hat sich bei uns für die Stelle als ... beworben und Sie als Referenz angegeben.
6.1.15 Herr/Frau ... bewirbt sich in unserer Firma ... als ... Aus seinen/ihren Unterlagen haben wir ersehen, daß Sie von ... bis ... sein/ihr Chef waren.
6.1.16 Wir sind daran interessiert, Herrn/Frau ... als ... einzustellen. Zuletzt arbeitete er/sie in Ihrer Firma.
6.1.17 Im Bewerbungsgespräch mit Herrn/Frau ... haben wir einen guten Eindruck gewonnen und beabsichtigen, ihn/sie mit einer verantwortungsvollen Position zu betrauen.
6.1.18 Wir haben noch nie mit Ihnen Geschäfte gemacht.

6.1 Raison pour une demande de références

6.1.1 Nous avons l'intention prochainement d'amplifier nos relations d'affaires avec la maison …
6.1.2 Nous avons obtenu de la société … une commande s'élevant à …
6.1.3 Nous aimerions intensifier très nettement nos relations d'affaires avec l'entreprise …
6.1.4 La firme … nous propose un délai de paiement de … mois.
6.1.5 La société … souhaite un crédit-client d'un montant de …
6.1.6 La société … nous offre une participation.
6.1.7 La firme … m'a offert une participation dans la société …
6.1.8 Vous figurez sur la liste de références de la maison …
6.1.9 Monsieur/Madame … de la firme … nous a fait savoir que votre firme pourrait donner des références.
6.1.10 La firme … nous a fait une offre interéssante et vous a mentionné comme pouvant donner des références.
6.1.11 Nous prévoyons de changer la firme … de réorganiser notre entreprise. Il nous a été dit qu'un contrat similaire avait été exécuté chez vous par la même firme.
6.1.12 Nous avons l'intention de changer notre chaîne de production avec des machines de la firme … Votre entreprise travaille avec les mêmes machines.
6.1.13 Monsieur/Madame vous a mentionné comme pouvant donner des références.
6.1.14 Monsieur/Madame … a présenté sa candidature chez nous pour le poste de … et vous a donné comme référence.
6.1.15 Monsieur/Madame … présente sa candidature auprès de notre firme en tant que … Nous avons vu dans son dossier que vous avez été son/sa supérieur/e hiérarchique du … au …
6.1.16 Nous avons l'intention d'embaucher Monsieur/Madame … en tant que … Dernièrement il/elle travaillait dans votre firme.
6.1.17 L'entretient d'embauche que nous avons eu avec Monsieur/Madame … nous a laissé une bonne impression et nous avons l'intention de lui confier un poste à responsabilités.
6.1.18 Nous n'avons encore jamais traité d'affaires avec vous.

6.1.19	Sie nehmen zum ersten Mal mit uns Geschäftsbeziehungen auf.
6.1.20	Sie beauftragen uns zum ersten Mal.

6.2 Allgemeine Referenzanforderung

6.2.1	Bitte nennen Sie uns Bank- und Geschäftsreferenzen.
6.2.2	Vor Vertragsabschluß bitten wir Sie um aussagefähige Referenzen.
6.2.3	Bevor wir Ihrer Firma den ersten Auftrag erteilen, bitten wir um Bank- und Geschäftsreferenzen.
6.2.4	Vielen Dank für Ihren Auftrag. Da wir zum ersten Mal mit Ihnen zusammenarbeiten werden, bitten wir Sie, uns einige Referenzen zu nennen.
6.2.5	Wir stehen kurz vor Vertragsabschluß mit der Firma ... und benötigen zuvor einige Informationen.
6.2.6	Wir wären Ihnen dankbar, wenn Sie uns einige Auskünfte über die Firma ... erteilen könnten.
6.2.7	Sie wurden uns von der Firma ... als langjähriger Geschäftspartner genannt. Könnten Sie uns über Ihre Erfahrungen mit diesem Unternehmen informieren?
6.2.8	Wir haben Ihren Namen aus der Kundenliste der Firma ... Würden Sie uns diese Firma empfehlen?
6.2.9	Wie beurteilen Sie die Firma ...?
6.2.10	Wären Sie bereit, uns Auskünfte über die Firma ... zu geben?
6.2.11	Welcher Art waren Ihre Geschäfte und Erfahrungen mit der Firma ...?
6.2.12	Ist Ihnen die Firma ... negativ aufgefallen?
6.2.13	Worauf ist bei der Firma ... besonders zu achten?

6.1.19	C'est la première fois que vous traitez avec nous.
6.1.20	C'est la première fois que vous nous passez une commande.

6.2 Demande de références générales

6.2.1	Nous vous prions de nous communiquer des banques et des entreprises pouvant donner des références.
6.2.2	Avant de signer le contrat, nous vous prions de nous communiquer des entreprises pouvant donner des références.
6.2.3	Avant de passer la première commande à votre entreprise, nous vous prions de nous communiquer des banques et des entreprises susceptibles de donner des références.
6.2.4	Nous vous remercions de votre commande. Comme c'est la première fois que nous allons travailler avec vous, nous vous prions de nous communiquer le nom de quelques entreprises pouvant donner des références.
6.2.5	Nous allons bientôt signer un contrat avec la firme ... et avons besoin auparavant de quelques informations.
6.2.6	Nous vous serions reconnaissants si vous pouviez nous communiquer quelques renseignements sur la firme ...
6.2.7	Vous nous avez été communiqué par la firme ... en tant que partenaire commercial de longue date.
6.2.8	Votre nom figure sur la liste des clients de la firme ... Seriez-vous prêt à recommander cette firme?
6.2.9	Que pensez-vous de la firme ...?
6.2.10	Seriez-vous prêt à nous communiquer des renseignements sur la firme ...?
6.2.11	Quel type d'affaires avez-vous traitées et quelles sont vos expériences avec la maison ...?
6.2.12	Pensez-vous que cette firme n'est pas crédible?
6.2.13	quels sont les points importants à observer avec l'entre-prise ...?

6.2.14 Wir kennen die Firma ... noch nicht näher und bitten Sie deshalb um aussagefähige Informationen.

6.2.15 Unsere bisherigen Erkundungen über die Firma ... haben keine eindeutigen Ergebnisse gebracht; deshalb beauftragen wir Sie, uns folgende Informationen zu beschaffen: ...

6.2.16 Waren Sie mit den Arbeiten der Firma ... zufrieden?
6.2.17 Dürften wir den Einbau der Firma ... bei Ihnen besichtigen?

6.2.18 Welche Erfahrungen haben Sie mit ... (Artikel-, Projektbezeichnung) der Firma ... gemacht?
6.2.19 Würden Sie uns Auskünfte über Herrn/Frau ... erteilen?

6.2.20 Wie war die Zusammenarbeit mit Herrn/Frau ...?

6.3 Spezielle Fragen über ein Unternehmen

6.3.1 Zahlungsfähigkeit

6.3.1.1 Bitte geben Sie uns Auskünfte über die Zahlungsfähigkeit der Firma ...
6.3.1.2 Ist die Zahlungsfähigkeit der Firma ... gewährleistet?
6.3.1.3 So schnell wie möglich benötigen wir Informationen über die Zahlungsfähigkeit des Unternehmens ...
6.3.1.4 Informieren Sie uns bitte über die Zahlungsgewohnheiten der Firma ...
6.3.1.5 Nutzt die Firma ...regelmäßig Skonto aus?
6.3.1.6 Kommt die Firma ... pünktlich ihren Zahlungsverpflichtungen nach?
6.3.1.7 Sind Ihnen im Zeitraum von ... bis ... nicht eingehaltene Scheck- und Wechselverbindlichkeiten bekannt geworden?
6.3.1.8 Bitte erteilen Sie uns Auskünfte über die Kontoführung der Firma ...
6.3.1.9 Seit wann wird das Konto der Firma ... bei Ihnen geführt?

6.2.14 Nous ne connaissons pas encore tellement la firme ... et c'est pourquoi nous vous prions de nous donner des informations fiables la concernant.
6.2.15 Nos renseignements sur la firme ... ne nous ont pas jusqu'à présent apporté de résultats clairs; c'est pourquoi nous vous demandons de bien vouloir nous fournir les informations suivantes: ...
6.2.16 Etiez-vous satisfait des travaux de la firme ...?
6.2.17 Nous serait-il possible de voir chez vous les installations effectuées par la firme ...
6.2.18 Que pensez-vous de ... (description de la marchandise, du projet) de la firme ...?
6.2.19 Seriez-vous prêt à nous donner des renseignements sur Monsieur/Madame ...?
6.2.20 Comment était Monsieur/Madame ... dans son travail?

6.3 Questions spécifiques sur une firme

6.3.1 Solvabilité

6.3.1.1 Nous vous prions de nous donner des renseignements sur la solvabilité de la firme ...
6.3.1.2 La solvabilité de la firme est-elle assurée?
6.3.1.3 Nous avons besoin d'informations sur la solvabilité de l'entreprise ... aussi rapidement que possible.
6.3.1.4 Nous vous prions de nous donner des informations sur les éventuels accidents de paiement de la firme ...
6.3.1.5 La firme utilise-t-elle régulièrement l'escompte de règlement?
6.3.1.6 La firme ... paye-t-elle aux dates convenues?
6.3.1.7 Savez-vous si, dans la période du ... au ..., des chèques et des traites n'ont pas été payés à échéance?
6.3.1.8 Nous vous prions de nous communiquer des renseignements sur la comptabilité de la firme ...
6.3.1.9 Depuis quand gérez-vous le compte de la firme ...?

6.3.1.10	Welche Kontoverbindungen unterhält die Firma ... bei Ihrem Institut?
6.3.1.11	Halten Sie die Firma ... für kreditwürdig?
6.3.1.12	Würden Sie einem Kredit von ... an die Firma ... zustimmen?
6.3.1.13	Rechtfertigt der Umsatz der Firma ... einen Kredit von ...?
6.3.1.14	Wie beurteilen Sie die Kreditforderung der Firma ...?
6.3.1.15	Herr/Frau ... von der Firma ... teilte uns mit, daß Sie eine Kreditzusage in Höhe von ... gemacht haben. Können Sie uns diese Aussage bestätigen?

6.3.2 Vermögensverhältnisse

6.3.2.1	Können Sie uns über die Vermögensverhältnisse der Firma ... informieren?
6.3.2.2	Bitte informieren Sie uns über die Vermögensverhältnisse der Firma ... Differenzieren Sie bitte nach ... (Vermögensarten wie zum Beispiel Barvermögen, Betriebsmittel, vorhandene Warenwerte)
6.3.2.3	Bitte teilen Sie uns mit, wie hoch die Grundstücke der Firma ... belastet sind.
6.3.2.4	Wir wüßten gern, ob und in welcher Höhe das Grundstück der Firma ... in der ...straße belastet ist.
6.3.2.5	Wie hoch ist der Wert der Grundstücke einzuschätzen?
6.3.2.6	Sind Sie in der Lage, uns die Geschäftsergebnisse der Firma ... während der letzten ... Jahre mitzuteilen?
6.3.2.7	Mit welchem Vermögen können Sie haften?
6.3.2.8	Welche Sicherheiten bieten Sie?
6.3.2.9	Wie hoch ist der Verschuldungsgrad der Firma ...?
6.3.2.10	Bitte nennen Sie uns die Höhe der Betriebsanteile der Firma ... an Ihrem Unternehmen.

6.3.3 Ruf und Ansehen

6.3.3.1	Welchen Ruf genießt die Firma ...?

6.3.1.10	Quels sont les mouvements de trésorerie que votre banque relève sur les comptes de la firme ...?
6.3.1.11	Pensez-vous qu'on puisse accorder un crédit à la firme ...?
6.3.1.12	Accorderiez-vous un crédit d'un montant de ... à la firme ...?
6.3.1.13	Le chiffre d'affaires de la firme ... justifie-t-il un crédit d'un montant de ...?
6.3.1.14	Que pensez-vous de la demande de crédit de la firme ...?
6.3.1.15	Monsieur/Madame ... de la firme ... nous a fait savoir que vous aviez donné votre accord pour un crédit d'un montant de ... Pouvez-vous nous confirmer cette affirmation?

6.3.2 Composition du patrimoine/répartition des actifs

6.3.2.1	Pouvez-vous nous donner des informations sur la composition du patrimoine de la firme ...
6.3.2.2	Nous vous prions de bien vouloir nous donner des informations sur la répartition des actifs de la firme ... Veuillez ventiler selon ... (type des actifs, comme par exemple les liquidités, les équipements, les stocks).
6.3.2.3	Nous vous prions de nous faire savoir le montant des hypothèques sur les terrains de la firme ...
6.3.2.4	Nous aimerions savoir si le terrain de la société ... rue ... est hypothéqué, et quel est le montant de l'hypothèque.
6.3.2.5	A combien peut-on estimer la valeur des terrains?
6.3.2.6	Vous est-il possible de nous communiquer les comptes de la société ... pendant les ... dernières années?
6.3.2.7	Avec quels biens pouvez-vous répondre des dettes?
6.3.2.8	Quelles garanties offrez-vous?
6.3.2.9	A combien s'élève le taux d'endettement de la société ...
6.3.2.10	Nous vous prions de nous communiquer le montant de la participation de la firme ... dans votre entreprise.

6.3.3 Réputation et image

6.3.3.1	Quelle est la réputation de la firme ...?

6.3.3.2 Können Sie uns aufgrund Ihrer langjährigen Geschäftsbeziehungen mit der Firma ... zu einem Geschäftsabschluß raten?

6.3.3.3 Angeblich befindet sich die Firma ... in Schwierigkeiten; können Sie diese Gerüchte klären und mögliche Hintergründe eruieren?

6.3.3.4 Ist Ihnen bekannt, ob sich die Firma ... Unregelmäßigkeiten hat zuschulden kommen lassen, die ihren Ruf beeinträchtigen?

6.3.3.5 In welchem Ansehen steht die Firma ... bei Ihnen?

6.3.3.6 Als Kunde der Firma ... können Sie sicherlich deren Leistungen beurteilen. Würden Sie uns bitte Ihr Urteil mitteilen?

6.3.4 Marktsituation

6.3.4.1 Wie hoch sind die Marktanteile der Firma ...?

6.3.4.2 Bitte teilen Sie uns Ihre Beobachtungen von der Umsatzentwicklung der Firma ... mit.

6.3.4.3 Wie hoch ist der Jahresumsatz der Firma ...?

6.3.4.4 Gilt die Firma ... als wettbewerbsfähig?

6.3.4.5 Wie schätzen Sie die Zukunftschancen der Firma ... ein?

6.3.5 Kundenkreis

6.3.5.1 Wir wüßten gern, welche Firmen zum wichtigsten Kundenkreis der Firma ... gehören.

6.3.5.2 Können Sie in Erfahrung bringen, mit welchen Konkurrenzunternehmen die Firma ... in den letzten Jahren Geschäftsbeziehungen hatte?

6.3.5.3 Wie verteilt sich der Kundenkreis der Firma ... in bezug auf

die Firmengröße?
den Ansiedlungsort?
die Aufgabenstellung?

6.3.3.2	Etant donné que vous entretenez depuis longtemps des relations commerciales avec la société ..., êtes-vous prêt à nous conseiller la signature d'un contrat avec elle?
6.3.3.3	Il paraît que l'entreprise ... connaît des difficultés; pouvez-vous expliquer ces rumeurs et en rechercher les raisons possibles.
6.3.3.4	Savez-vous si la société ... s'est laissé entraîner dans des irrégularités qui portent préjudice à sa réputation?
6.3.3.5	Que pensez-vous de la firme ...?
6.3.3.6	En tant que client de la firme ... vous êtes certainement en mesure de porter un jugement sur ses prestations. Seriez-vous prêt à nous communiquer votre impression.

6.3.4　Position sur le marché

6.3.4.1	A combien s'élèvent les parts de marché de la firme ...?
6.3.4.2	Nous vous prions de nous communiquer vos observations concernant l'évolution du chiffre d'affaires de la firme ...
6.3.4.3	A combien s'élève le chiffre d'affaires annuel de la firme ...?
6.3.4.4	La firme ... est-elle compétitive?
6.3.4.5	Comment évaluez-vous les chances de la firme ... à l'avenir?

6.3.5　Clientèle

6.3.5.1	Nous aimerions savoir, parmi les clients de la firme ..., quelles sont les firmes les plus importantes.
6.3.5.2	Pourriez-vous nous informer avec lesquels de nos concurrents, la firme ... a entretenu des relations d'affaires au cours des dernières années.
6.3.5.3	Comment se répartit la clientèle de la firme ... si l'on considère la taille de la firme? le lieu d'implantation? la foncion?

6.3.5.4 Bitte nennen Sie uns bisherige Abnehmer Ihrer ... (Waren- oder Artikelbezeichnung).
6.3.5.5 Wer gehört zu Ihren Stammkunden?

6.4 Spezielle Fragen über eine Person

6.4.1 Würden Sie uns Auskünfte über ihre/seine Leistungsfähigkeit geben?
6.4.2 Wie schätzen Sie die Zuverlässigkeit von Herrn/Frau ... ein?
6.4.3 Herr/Frau ... wird bei uns folgende Aufgaben übernehmen ...; deshalb sollte er/sie ... – zuverlässig / ehrlich / kontaktfreudig / vertrauenswürdig / redegewandt / flexibel / belastbar / entscheidungsfähig / problembewußt / kreativ – sein. Verfügt er/sie Ihrer Meinung nach über diese Eigenschaft/-en?

6.4.4 Wie beurteilen Sie die Teamfähigkeit von Herrn/Frau ...?

6.4.5 Können Sie uns sagen, ob Herr/Frau schon in anderen Branchen gearbeitet hat?
6.4.6 Hängt der häufige Branchenwechsel von Herrn/Frau ... möglicherweise mit geschäftlichen Schwierigkeiten zusammen?

6.4.7 Halten Sie die geschäftlichen Empfehlungen von Herrn/Frau ... für erfolgversprechend?
6.4.8 Hat Herr/Frau ... schon mal Konkurs angemeldet?

6.5 Zusicherung der Verschwiegenheit und Schlußsatz

6.5.1 Selbstverständlich können Sie mit unserer Verschwiegenheit rechnen.

6.3.5.4 Nous vous prions de nous communiquer les noms de vos clients actuels qui achètent vos ... (marchandises ou articles).
6.3.5.5 Qui sont vos clients réguliers?

6.4 Questions spécifiques sur une personne

6.4.1 Pourriez-vous nous donner des renseignements sur son travail?
6.4.2 Monsieur/Madame ... est-il/elle une personne fiable?
6.4.3 Monsieur/Madame ... va, au sein de notre entreprise, prendre en charge les activités suivantes ...; c'est pourquoi il/elle devra avoir les qualités suivantes: être une personne fiable/honnête/aimant les contacts/digne de confiance/d'élocution facile/disponible/efficace/décisionnaire/capable de cerner les problèmes/créative. A votre avis, possède-t-il/elle ces qualités?
6.4.4 Que pensez-vous du travail en équipe de Monsieur/Madame ...?
6.4.5 Pouvez-vous nous dire si Monsieur/Madame ... a déjà travaillé dans d'autres branches?
6.4.6 Est-ce que le fait que Monsieur/Madame ... ait souvent changé de branche est lié à de quelconques difficultés dans ses affaires?
6.4.7 Pensez-vous que l'on puisse recommander Monsieur/Madame ... en affaires?
6.4.8 Monsieur/Madame ... a-t-il/elle déjà fait faillite?

6.5 Assurance quant à la discrétion et formule de politesse

6.5.1 Vous pouvez bien sûr compter sur notre discrétion.

6.5.2	Wir garantieren Ihnen, Ihre Angaben streng vertraulich zu behandeln.
6.5.3	Ihre Angaben werden mit Diskretion behandelt.
6.5.4	Wir messen Ihren Angaben großes Gewicht bei.
6.5.5	Ohne Ihre Informationen fällt uns die Entscheidung sehr schwer.
6.5.6	Im voraus vielen Dank für Ihre Bemühungen.
6.5.7	Für Ihr Urteil danken wir Ihnen im voraus.
6.5.8	Ihre Auskunft würde uns helfen. Vielen Dank im voraus.

6.5.2	Vous pouvez être assuré que vos informations seront tenues confidentielles.
6.5.3	Vos informations seront traitées avec toute la discrétion nécessaire.
6.5.4	Nous accordons beaucoup d'importance à vos informations.
6.5.5	Sans vos informations notre décision est très difficile à prendre.
6.5.6	Nous vous remercions à l'avance de votre coopération.
6.5.7	Nous vous remercions à l'avance de votre jugement.
6.5.8	Vos informations nous aideraient. Nous vous en remercions à l'avance.

7. Antwort auf Referenzanforderung

7. Réponses à une demande de références

7.1 Einleitung

7.1.1 Über die Firma ... können wir Ihnen folgende Auskünfte erteilen.
7.1.2 Auf Ihre Referenzanforderung antworten wir Ihnen gern.
7.1.3 Mit Auskünften über die Firma ... sind wir Ihnen gern behilflich.
7.1.4 Herr/Frau ... hat viele Jahre bei uns gearbeitet.
7.1.5 Von Herrn/Frau ... können wir Ihnen nur Gutes mitteilen.

7.2 Auskünfte

7.2.1 Positiv

7.2.1.1 Die Zusammenarbeit mit der Firma ... war stets zufriedenstellend.
7.2.1.2 Aufgrund unserer Erfahrungen können wir Ihnen die Firma ... ohne Einschränkungen empfehlen.
7.2.1.3 Wir arbeiten seit ... Jahren mit der Firma ... zusammen und schätzen sie wegen ihrer Leistungen und Zuverlässigkeit.
7.2.1.4 Bei ihren Geschäftspartnern genießt die Firma ... ein hohes Ansehen und Vertrauen.
7.2.1.5 Aufgrund ihrer Zahlungsgewohnheiten halten wir die Firma ... durchaus für kreditwürdig.
7.2.1.6 Unser Urteil über die Firma ...: zuverlässig/krisenfest/leistungsstark/zahlungsfähig.
7.2.1.7 Nach unseren Erfahrungen mit der Firma ... raten wir Ihnen zum Vertragsabschluß.

7.1 Introduction

7.1.1 En ce qui concerne la firme ... nous pouvons vous donner les informations suivantes:
7.1.2 C'est bien volontiers que nous répondons à votre demande de références.
7.1.3 Nous sommes prêts à vous aider en vous fournissant des informations concernant l'entreprise ...
7.1.4 Monsieur/Madame ... a travaillé chez nous de nombreuses années.
7.1.5 Nous ne pouvons que vous dire du bien de Monsieur/Madame ...

7.2 Renseignements

7.2.1 Positif

7.2.1.1 Nous avons toujours été satisfaits de nos relations avec la firme ...
7.2.1.2 Etant donné notre expérience avec cette entreprise, nous pouvons vous la recommander sans réserve.
7.2.1.3 Nous travaillons depuis ... ans avec la firme ... et l'apprécions parce qu'elle est efficace et fiable.
7.2.1.4 La firme ... jouit d'une bonne image et de la confiance de ses partenaires commerciaux.
7.2.1.5 En raison de la régularité de ses paiements, nous pensons qu'il est tout à fait possible d'accorder un crédit à la firme ...
7.2.1.6 Notre jugement en ce qui concerne la firme ...: fiable/sûre/ efficace/solvable.
7.2.1.7 Étant donné notre expérience avec la firme ..., nous vous recommandons la signature du contrat.

7.2.2 Negativ

7.2.2.1 Wir raten Ihnen nicht zum Geschäftsabschluß mit der Firma …

7.2.2.2 Wir haben die Firma … als unzuverlässig/nicht zahlungsfähig/unseriös kennengelernt.

7.2.2.3 Die Zahlungsmoral der Firma … ist nicht gut angesehen.

7.2.2.4 Die Firma … nimmt sich mehr vor, als sie bewältigen kann.

7.2.2.5 Die Qualität der Waren der Firma … hat in letzter Zeit stark nachgelassen.

7.2.2.6 Gegen die Firma … liegen mehrere gerichtliche Verfahren vor.

7.2.2.7 Wir halten die Firma … nicht für kreditwürdig.

7.3 Bitte um Verschwiegenheit

7.3.1 Bitte behandeln Sie unsere Auskünfte vertraulich.

7.3.2 Wir rechnen mit Ihrer Diskretion.

7.3.3 Geben Sie diese Auskünfte bitte nicht an Dritte weiter.

7.3.4 Bitte wahren Sie Verschwiegenheit im Umgang mit unseren Informationen.

7.4 Antwort auf Referenzanforderung wird abgelehnt

7.4.1 Reine Ablehnung

7.4.1.1 Wir erteilen keine Auskünfte an Dritte. Bitte haben Sie dafür Verständnis.

7.2.2 Négatif

7.2.2.1 Nous ne vous conseillons pas de signer un contrat avec la firme ...
7.2.2.2 Pour nous, la firme ... n'est pas fiable/n'est pas solvable/n'est pas sérieuse.
7.2.2.3 Les paiements de la firme sont aléatoires.
7.2.2.4 La maison entreprend plus que ce qu'elle est en mesure de réaliser.
7.2.2.5 La qualité des marchandises de la firme ... a beaucoup diminué ces derniers temps.
7.2.2.6 Plusieurs actions en justice sont menées contre la firme ...
7.2.2.7 Nous ne pensons pas qu'on puisse accorder un crédit à la firme ...

7.3 Discrétion demandée/souhaitée

7.3.1 Nous vous prions de considérer ces renseignements comme confidentiels.
7.3.2 Nous comptons sur votre discrétion.
7.3.3 Nous vous prions de ne pas communiquer ces informations à des tiers.
7.3.4 Nous vous demandons une discrétion absolue quant à nos informations.

7.4 Refus de répondre à une demande de références

7.4.1 Refus

7.4.1.1 Nous ne donnons aucun renseignement à des tiers. Nous sommes sûrs que vous comprendrez notre position.

7.4.1.2　Es tut uns leid, Ihre Bitte um Referenzen ablehnen zu müssen.

7.4.1.3　In unserer Branche ist es nicht üblich, die von Ihnen gewünschten Auskünfte zu erteilen.

7.4.1.4　Wir geben keine Auskünfte über unsere Geschäftspartner.

7.4.1.5　Ihre Fragen möchten wir nicht beantworten.

7.4.1.6　Antworten auf Ihre Fragen über Herrn/Frau ... finden Sie im Zeugnis, das wir seinerzeit ausgestellt haben.

7.4.1.7　Wir möchten Ihnen keine Auskünfte über Herrn/Frau ... geben, da dies nicht zu unseren Gepflogenheiten zählt.

7.4.2　Unternehmen/Person kaum bekannt

7.4.2.1　Ihre Fragen können wir leider nicht beantworten, da wir erst seit kurzem geschäftliche Beziehungen zur Firma ... haben.

7.4.2.2　Wir hatten nur oberflächlich Kontakt zur Firma ... und können Ihnen deshalb nicht die gewünschten Auskünfte erteilen.

7.4.2.3　Unsere geschäftlichen Beziehungen zur Firma ... sind seit vielen Jahren unterbrochen, so daß wir Ihnen keine aktuellen Auskünfte erteilen könnten.

7.4.2.4　Wir kennen Herrn/Frau ... zu wenig, als daß wir Ihre Fragen beantworten könnten.

7.4.2.5　Herr/Frau ... war nur kurze Zeit für uns tätig; aus diesem Grund sehen wir uns nicht in der Lage, Ihre Fragen mit der gebotenen Sorgfalt zu beantworten.

7.4.3　Unternehmen/Person unbekannt

7.4.3.1　Wir unterhalten keine geschäftlichen Beziehungen mit der Firma ...

7.4.1.2   Nous regrettons de ne pas donner suite à votre demande de références.
7.4.1.3   Il n'est pas d'usage dans notre branche de communiquer les renseignements que vous avez demandés.
7.4.1.4   Nous ne donnons aucune information sur nos partenaires commerciaux.
7.4.1.5   Nous regrettons de ne pas répondre à vos questions.
7.4.1.6   Les réponses à vos questions concernant Monsieur/Madame ... se trouvent dans le certificat de travail que nous avons établi en son temps.
7.4.1.7   Nous regrettons de ne pas vous donner de renseignements sur Monsieur/Madame ... étant donné que cela n'est pas dans nos habitudes.

7.4.2   La firme/la personne est peu connue

7.4.2.1   Nous ne pouvons malheureusement pas répondre à vos questions, car il y a seulement peu de temps que nous travaillons avec la firme ...
7.4.2.2   Nous n'avions que des contacts superficiels avec la firme ...; c'est pourquoi nous ne pouvons pas vous donner les renseignements désirés.
7.4.2.3   Nous n'entretenons plus de relations commerciales avec la firme ... depuis de nombreuses années, si bien que nous ne pouvons pas vous donner d'informations sur sa situation actuelle.
7.4.2.4   Nous connaissons trop peu Monsieur/Madame ... pour pouvoir répondre à vos questions.
7.4.2.5   Monsieur/Madame ... n'a été employé/e que peu de temps chez nous; c'est pourquoi nous ne pensons pas être en mesure de répondre à vos questions avec tout le soin qui s'impose.

7.4.3   La firme/la personne est inconnue

7.4.3.1   Nous n'entretenons aucune relation d'affaires avec la firme ...

7.4.3.2	Ihrer Bitte um Auskünfte über die Firma ... können wir leider nicht entsprechen, da wir mit diesem Unternehmen bisher nicht zu tun hatten.
7.4.3.3	Die Firma ... gehört nicht zu unseren Kunden.
7.4.3.4	Das Unternehmen ..., nach dem Sie fragen, ist uns nur dem Namen nach bekannt.
7.4.3.5	Herr/Frau ... ist uns nicht bekannt; deshalb können wir Ihre Fragen nicht beantworten.
7.4.3.6	Ihre Annahme, wir kennen Herrn/Frau ..., stimmt nicht.

7.5   Schlußsatz

7.5.1	Wir hoffen, daß Ihnen unsere Informationen nützen.
7.5.2	Bitte haben Sie Verständnis für unsere Zurückhaltung.
7.5.3	Es tut uns leid, Ihnen nicht weiterhelfen zu können.

7.4.3.2　Nous ne pouvons malheureusement pas répondre à votre demande de renseignements concernant la firme ... étant donné que nous n'avons eu jusqu'à présent aucun contact avec cette entreprise.
7.4.3.3　La maison ... ne compte pas parmi nos clients.
7.4.3.4　L'entreprise ..., sur laquelle vous voulez des renseignements, ne nous est connue que de nom.
7.4.3.5　Nous ne connaissons pas Monsieur/Madame ...; c'est pourquoi nous ne pouvons pas répondre à vos questions.
7.4.3.6　Votre supposition selon laquelle nous connaissons Monsieur/Madame ... n'est pas exacte.

7.5　Salutations

7.5.1　Nous espérons que nos informations vous seront utiles.
7.5.2　Nous vous prions de bien vouloir accepter notre attitude de réserve.
7.5.3　Nous regrettons de ne pas pouvoir vous aider plus.

8. Antwort auf Bestellung

8. Réponse après réception d'une commande

8.1 Dank für Bestellung

Vielen Dank für Ihre Bestellung vom ... (Datum). Es freut uns sehr, daß Sie unser Angebot überzeugt hat und wir in Ihnen einen neuen Kunden gewinnen konnten. Wir hoffen, daß dies der Beginn einer langen Zusammenarbeit ist.
Selbstverständlich sichern wir Ihnen zu, Ihren Auftrag genau und sorgfältig auszuführen, und sagen Ihnen nochmals herzlichen Dank für Ihr Vertrauen.

8.2 Bestellung ablehnen

Vielen Dank für Ihre Bestellung vom ... (Datum), die Sie uns auf unser unverbindliches Angebot geschickt haben.
Wir hätten uns über eine Zusammenarbeit gefreut, aber leider können wir Ihnen keine Bestätigung zusenden. Der Grund: Alle ... (Artikelbezeichnung) sind bereits verkauft, und unser Lieferant hat uns mitgeteilt, daß er in absehbarer Zeit nicht lieferfähig ist.
Wir bemühen uns intensiv um eine Ausweichlösung und werden Sie umgehend über das Ergebnis informieren.

8.1 Remerciements pour la commande

Nous vous remercions de votre commande du ... (date). Nous sommes heureux de constater que notre offre vous a convaincu et d'avoir pu gagner avec vous un nouveau client. Nous espérons qu'il ne s'agit là que du début d'une longue coopération.
Naturellement, vous pouvez être assuré que votre commande sera exécutée correctement et avec soin, et nous vous remercions encore une fois de la confiance que vous nous accordez.

8.2 Commande refusée

Nous vous remercions de votre commande du ... (date) que vous nous aviez envoyée suite à notre offre sans engagement. C'est avec plaisir que nous aurions travaillé avec vous, mais nous ne pouvons malheureusement pas accepter votre commande. En voici la raison: tous les ... (désignation de l'article) sont déjà vendus et notre fournisseur nous a informés qu'il n'est pas en mesure de nous livrer prochainement.
Nous nous efforçons vraiment de trouver une autre solution, et nous vous informerons immédiatement du résultat.

9. Entschuldigungen

9. Excuses

9.1 Lieferterminverschiebung

9.1.1 Verzögerung beim Vorlieferanten

Sie haben am ... (Datum) ... (Menge) ... (Artikelbezeichnung) bestellt. Unsere Bestellungsannahme ging Ihnen am ... (Datum) zu.
Als Liefertermin war der ... (Datum) vereinbart. Nun ist es durch einen Zwischenfall bei unserem Lieferanten leider zu einer Terminverschiebung gekommen, wegen der wir auch Ihre Bestellung nicht rechtzeitig ausführen können. Vermutlich wird sich der Liefertermin um etwa ... Tage/... Wochen verschieben. Hoffentlich haben Sie wegen der kleinen Verzögerung keine Nachteile.
Wir bedauern sehr, daß es zu dieser Terminverschiebung gekommen ist, und hoffen auf Ihr Verständnis. Vielen Dank.

9.1.2 Streik

Sicher haben Sie schon erfahren, daß unsere Branche zur Zeit von Streik betroffen ist. Unsere Lagerbestände sind dadurch in der letzten Zeit so stark abgebaut worden, daß wir ab sofort in der Artikelgruppe ... nicht mehr lieferfähig sind.
Es ist damit zu rechnen, daß der Streik andauert; wir werden Sie jedoch selbstverständlich sofort informieren, wenn die Produktion wieder geregelt aufgenommen wird. Bitte haben Sie für diese Ausnahmesituation Verständnis.

9.1.3 Urlaubszeit und Krankheit

Wegen der Urlaubszeit und einiger Krankheitsfälle in der Produktion müssen wir alle Liefertermine um ... Tage/Wochen/ bis zum ... (Datum) verschieben. In Ihrem Fall bedauern wir das ganz besonders, denn es liegt uns viel daran, die besten

9.1 Retard dans la livraison

9.1.1 Retard dû à ses propres fournisseurs

Le ... (date), vous nous avez commandé ... (quantité et désignation de l'article). Nous vous avons envoyé un bon de confirmation de commande le ... (date).
Il avait été convenu que la marchandise serait livrée le ... (date). Malheureusement, à cause d'un incident, notre fournisseur ne peut pas nous livrer comme prévu, ce qui fait que, nous aussi, nous ne pouvons pas vous livrer à la date prévue. Nous pensons que le retard sera d'environ ... jours/semaines. Nous espérons que ce retard sera sans conséquence pour vous. Nous regrettons beaucoup cet incident et comptons sur votre compréhension. Nous vous en remercions.

9.1.2 Grève

Vous avez déjà certainement appris que notre branche est actuellement touchée par des grèves. Cela a entraîné dernièrement une baisse de nos stocks si forte que nous ne sommes désormais plus en mesure de livrer dans l'immédiat la série d'articles ...
On doit également s'attendre à une poursuite de la grève. Cependant il est bien évident que nous vous informerons dès que la production aura repris son cours normal. Nous sommes certains que vous comprenez cette situation exceptionnelle.

9.1.3 Congé et maladie

Les congés annuels et plusieurs cas de maladie parmi nos ouvriers nous obligent à retarder toutes nos livraisons de ... jours/semaines/jusqu'au ... (date). Nous le regrettons tout particulièrement dans votre cas car nous avons à coeur de livrer

Kunden pünktlich zu beliefern. Dennoch hoffen wir auf Ihr Verständnis.

9.1.4 Personelle Engpässe

Wegen einiger personeller Engpässe müssen wir unsere Liefertermine geringfügig um ... Tage verschieben. Bitte haben Sie dafür Verständnis, daß auch Ihre Bestellung von dieser Maßnahme betroffen ist. Wir werden uns nach Kräften bemühen, den Engpaß schnell zu überwinden und den neuen Termin, den ... (Datum), einzuhalten.
Sie wissen, daß wir sonst stets pünktlich liefern. Deshalb hoffen wir auf Ihr Verständnis und bitten um Entschuldigung für die Verzögerung.

9.1.5 Produktionstechnische Gründe

Aus produktionstechnischen Gründen müssen wir den zugesagten Liefertermin auf den ... (Datum) verschieben. Wir sind sicher, daß dieser auch für uns unangenehme Vorgang einmalig bleibt, und bitten Sie um Verständnis.

9.1.6 Wieder lieferfähig

Kürzlich konnten wir Ihre Bestellung nicht annehmen, weil einer unserer Lieferanten nicht lieferfähig war. Dafür möchten wir Sie an dieser Stelle nochmals herzlich um Entschuldigung bitten.
Inzwischen haben wir einen gleichwertigen Hersteller gefunden, dessen Lieferung am ... (Datum) hier eintrifft. Deshalb können wir Ihnen heute ... (Artikelbezeichnung) zu den gleichen Konditionen anbieten wie in unserem Angebot vom ... (Datum).

nos meilleurs clients dans les délais. Nous espérons cependant que vous comprendrez notre situation.

9.1.4 Manque de personnel

A cause de difficultés dans le recrutement du personnel, nous sommes contraints de retarder nos livraisons de ... jours. Nous comptons sur votre compréhension si votre commande est touchée par cette mesure. Nous nous efforçons de résoudre ce problème rapidement afin de respecter la nouvelle date de livraison prévue le ... (date).

Vous savez que nous avons l'habitude de toujours livrer dans les délais convenus, aussi, nous sommes persuadés que vous comprendrez notre situation. Nous vous prions de bien vouloir nous excuser de ce retard.

9.1.5 Raisons techniques

Pour des raisons techniques, nous sommes contraints de retarder la livraison prévue le ... (date). Nous sommes certains que cet incident, désagréable pour nous également, ne se renouvellera pas. Nous comptons sur votre compréhension.

9.1.6 Livraison de nouveau possible

Il y a peu de temps, nous n'étions pas en mesure d'accepter votre commande car un de nos fournisseurs ne pouvait pas nous livrer. Nous vous prions une fois de plus de bien vouloir nous en excuser.

Entre-temps, nous avons trouvé un fabricant qui propose des articles de même qualité et qui nous livre le ... (date). C'est pourquoi nous vous proposons aujourd'hui des ... (désignation de l'article) aux mêmes conditions que celles mentionnées dans notre offre du ... (date).

Wir freuen uns auf Ihre Bestellung und danken Ihnen für Ihr Verständnis.

9.2 Falsche Rechnung

Bei der Prüfung unserer Unterlagen haben wir festgestellt, daß die Rechnung vom ... (Datum) über ... (Menge) ... (Artikelbezeichnung) einen Fehler enthält. Die neue Rechnung haben wir Ihnen beigelegt.
Bitte entschuldigen Sie das Versehen.

9.3 Falsche Ware

Am ... (Datum) hat die Ware, die Sie am ... (Datum) bestellten, unser Werk verlassen. Bei einer Prüfung haben wir nun festgestellt, daß es sich um ... (Artikelbezeichnung) in minderer Qualität handelt. Wir halten es für selbstverständlich, Sie schon jetzt über dieses Versehen zu informieren.
Für den Fall, daß Sie die Ware dennoch behalten möchten, schlagen wir Ihnen einen Preis von .../einen Nachlaß von ... Prozent vor. Wenn Sie damit nicht einverstanden sind, tauschen wir die Ware unverzüglich um. Bitte geben Sie uns kurz Bescheid.

Nous nous réjouissons de votre commande et vous remercions de votre compréhension.

9.2 Erreur de facture

En vérifiant nos comptes, nous nous sommes aperçus qu'une erreur s'était glissée dans la facture du ... (date) portant sur ... (quantité et désignation de l'article). Veuillez trouver ci-joint la nouvelle facture.
Nous vous prions de bien vouloir excuser cette erreur.

9.3 Erreur sur la marchandise

Le ... (date), nous vous avons envoyé la marchandise que vous aviez commandée le ... (date). Lors d'un contrôle, nous avons constaté qu'il s'agit de ... (désignation de l'article) d'une qualité inférieure. Il est donc tout à fait normal que nous vous informions de cette erreur.
Au cas où vous désireriez néanmoins garder la marchandise, nous vous proposons un prix de .../nous vous accordons un rabais de ... pour cent. Si cette proposition ne vous convient pas, nous vous échangeons la marchandise sans délai. Veuillez, s'il vous plaît, nous faire part brièvement de votre décision.

10. Reklamation

10. Réclamation

10.1 Bestellungsannahme fehlerhaft

10.1.1 Artikelbezeichnung

Ihre Bestellungsannahme enthält irrtümlich eine falsche Artikelbezeichnung. Unter Position ... steht ..., wir hatten jedoch ... bestellt. Bitte korrigieren Sie diese Position, und senden Sie uns die neue Bestellungsannahme zu. Vielen Dank.

10.1.2 Preis

In Ihrer Bestellungsannahme wurde irrtümlich unter Position ... ein Preis von ... pro Stück eingesetzt. In Ihrer Preisliste, die bis zum ... gültig ist, steht ein Preis von ... Bitte senden Sie uns die korrigierte Bestellannahme möglichst schnell zu. Vielen Dank.

10.1.3 Stückzahl

Ihre Bestellungsannahme enthält irrtümlich eine falsche Stückzahl. Wir hatten von ... (Artikelbezeichnung), Artikelnummer/Bestellnummer ..., ... Stück bestellt. In der Bestellungsannahme stehen jedoch ... Stück. Bitte ändern Sie diese Position, und senden Sie uns die neue Ausfertigung möglichst schnell zu. Vielen Dank.

10.1 Erreurs dans la confirmation de la commande

10.1.1 Désignation de l'article

Votre bon de confirmation de commande présente une erreur en ce qui concerne la désignation d'un article. A la ligne ... est indiqué ... alors que nous avions commandé ... Nous vous prions de bien vouloir rectifier cette erreur et de nous envoyer un nouveau bon de confirmation de commande. Nous vous en remercions.

10.1.2 Prix

Votre bon de confirmation de commande indique par erreur, à la ligne ..., un prix de ... la pièce. Néanmoins, votre liste de prix, valable jusqu'au ..., indique un prix de ...
Nous vous prions de bien vouloir nous envoyer, après rectification et le plus vite possible, un nouveau bon de confirmation de commande. Nous vous en remercions à l'avance.

10.1.3 Quantité

Dans votre bon de confirmation de commande, nous relevons une erreur quant à la quantité commandée. Nous avions commandé ... (nombre et désignation de l'article), numéro de l'article/numéro de commande. Dans le bon de confirmation de commande, vous indiquez néanmoins ... (unité/pièce). Nous vous prions de bien vouloir corriger ce chiffre et de nous envoyer un nouveau bon le plus repidement possible. Nous vous en remercions à l'avance.

10.1.4 Allgemein

Ihre Bestellungsannahme enthält irrtümlich eine falsche Angabe. Bitte ändern Sie die Versandart/den Gefahrenübergang/den Liefertermin/die Teillieferungen/die Zahlungsbedingungen entsprechend unserer Bestellung. Auf der beigefügten Kopie haben wir die Stelle markiert.

10.2 Lieferverzug

10.2.1 Am ... (Datum) bestellten wir bei Ihnen ... (Mengenangabe) ... (Artikelbezeichnung). In Ihrer Bestätigung dieser Bestellung haben Sie den ... (Datum) als Liefertermin zugesagt. Bis heute jedoch ist die Ware nicht bei uns eingetroffen. Teilen Sie uns bitte mit, wann wir mit Ihrer Lieferung rechnen können.
Wir hoffen, bald von Ihnen zu hören.

10.2.2 Aufgrund unserer Bestellung vom ... (Datum) sagten Sie uns schriftlich den ... (Datum)/die ... Woche als Liefertermin zu. Dieser Termin ist bereits erheblich überschritten. Da wir die Ware dringend benötigen, erwarten wir Ihre Mitteilung, wann die Lieferung eintreffen wird.
Wir hoffen, bald von Ihnen zu hören.

10.2.3 Die für den ... (Datum) zugesagte Lieferung ist bis heute nicht eingetroffen. Auf unsere Erinnerung vom ... (Datum) haben Sie nicht reagiert.
Wir möchten auch in Zukunft mit Ihnen zusammenarbeiten. Wenn wir bis zum ... (Datum) keine Nachricht von Ihnen vorliegen haben, aus der hervorgeht, wie Sie sich den weiteren Verlauf denken, werden wir uns nach einem anderen Lieferanten umsehen.

10.1.4 Autres

Nous avons relevé une erreur dans votre bon de confirmation de commande. Nous vous prions de modifier le mode de transport/le lieu de transmission du risque/la date de livraison/ les livraisons partielles/les conditions de paiement conformément à notre commande. Sur la copie ci-jointe, nous avons souligné ce qui est à modifier.

10.2 Retard dans la livraison

10.2.1 Le ... (date), nous avons commandé ... (quantité et désignation de l'article). Lorsque vous avez confirmé la commande, vous nous avez donné votre accord pour le ... (date) comme date de livraison. Or, jusqu'à aujourd'hui, nous n'avons toujours pas reçu la marchandise. Nous vous prions de bien vouloir nous informer de la date à laquelle vous pensez pouvoir nous livrer.
Nous attendons une réponse rapide.

10.2.2 Suite à notre commande du ... (date), vous nous avez confirmé par écrit que vous nous livreriez le ... (date)/la semaine du ... au ... Cette date est largement dépassée. Etant donné qu'il nous faut absolument la marchandise, nous vous prions de nous faire savoir quand la marchandise sera livrée.
Nous attendons une réponse rapide.

10.2.3 La livraison que vous nous aviez promise pour le ... (date) ne nous est toujours pas parvenue. Vous n'avez pas non plus répondu à notre rappel du ... (date).
A l'avenir, nous aimerions bien continuer à travailler avec vous. Si, d'ici le ... (date), nous n'avons aucune information sur ce que vous comptez faire, nous nous adresserons à un autre fournisseur.

10.2.4   Auch auf unser Schreiben vom ... (Datum) haben Sie nicht reagiert. Nun bleibt uns nichts anderes übrig, als Ihnen mitzuteilen, daß wir unseren Bedarf in Zukunft bei einem anderen Lieferanten decken werden.

10.3   Beschädigte Ware

Vielen Dank für Ihre Lieferung vom ... (Datum), die am ... (Datum) hier eingetroffen ist. Beim Prüfen der Ware stellten wir fest, daß ... (Anzahl) beschädigt/zerbrochen/verkratzt/gerissen/ausgelaufen/geplatzt sind. Wir können die Ursache dafür nicht mehr feststellen und bitten Sie um Ersatzlieferung.

10.4   Ware ist mangelhaft

10.4.1   Ersatz

Ihre Lieferung vom ... (Datum) ist hier am ... (Datum) wohlbehalten eingetroffen. Allerdings stellten wir fest, daß einige Teile defekt sind:
Die ... (Artikelbezeichnung) funktionieren nicht.
An den ... (Artikelbezeichnung) fehlen ...
Die ... (Artikelbezeichnung) sind verzogen/verfärbt/unsauber/verkratzt.
Wir bitten Sie um Ersatzlieferung und um Mitteilung, was mit der unbrauchbaren Ware geschehen soll.

10.2.4   Vous n'avez également pas répondu à notre lettre du ... (date). Il ne nous reste donc plus qu'à vous informer que nous nous adresserons, à l'avenir, à un autre fournisseur.

10.3   Marchandise endommagée

Nous vous remercions de votre livraison du ... (date) qui nous est parvenue le ... (date). En vérifiant la marchandise, nous avons constaté que ... (nombre et désignation de l'article) sont endommagés/cassés/rayés/déchirés/ont coulé/ont éclaté. Nous ne pouvons pas déterminer la cause de cet incident et vous prions de nous remplacer les ... (nombre et désignation de l'article).

10.4   Marchandise défectueuse

10.4.1   Remplacement de la marchandise

Le ... (date), nous avons bien reçu votre livraison du ...
Néanmoins, nous avons constaté que certaines pièces sont défectueuses:
Les ... (désignation de l'article) ne fonctionnent pas.
Sur les ... (désignation de l'article), il manque ...
Les ... (désignation de l'article) sont tordus/ont déteint/sont sales/sont rayés.
Nous vous prions de remplacer les pièces défectueuses et de nous faire savoir ce que nous devons faire de la marchandise endommagée.

10.4.2 Neulieferung

Am ... (Datum) erhielten wir Ihre Lieferung vom ... (Datum). Wir haben in unserem Hause die Ware sofort geprüft und festgestellt, daß alle/viele/... (Anzahl) Teile defekt sind:
Die ... (Artikelbezeichnung) funktionieren nicht.
An den ... (Artikelbezeichnung) fehlen ...
Die ... (Artikelbezeichnung) sind verzogen/verfärbt/unsauber/verkratzt.
Wir halten es für die beste Lösung, wenn wir Ihnen die komplette Sendung zurückschicken und Sie uns einwandfreie Teile liefern. Die unbrauchbare Ware geht heute an Sie ab. Bitte sorgen Sie dafür, daß die Neulieferung so schnell wie möglich bei uns eintrifft.

10.4.3 Preisnachlaß

Haben Sie herzlichen Dank für Ihre pünktliche Lieferung. Die Ware ist am ... (Datum) bei uns eingetroffen. Bei der Prüfung haben wir festgestellt, daß einige/viele/alle/... (Anzahl) nicht in Ordnung sind:
Die ... (Artikelbezeichnung) funktionieren nicht.
An den ... (Artikelbezeichnung) fehlen ...
Die ... (Artikelbezeichnung) sind verzogen/verfärbt/unsauber/verkratzt.
Die Farbe entspricht nicht der bestellten Farbnummer.
Die Mängel lassen sich jedoch in unserer Werkstatt/in unserem Hause beheben. Damit könnten wir Ihnen unnötige Kosten und uns die Verzögerungen ersparen. Machen Sie uns bitte ein Angebot, zu welchen Konditionen Sie uns die mangelhafte Ware überlassen können. Wir geben Ihnen sofort über unsere Entscheidung Bescheid.

10.4.2 Nouvelle livraison

Le ... (date), nous avons reçu votre livraison du ... (date). Nous avons de notre côté tout de suite vérifié la marchandise et constaté que toutes les/beaucoup de/... (nombre) pièces sont défectueuses.
Les ... (désignation de l'article) ne fonctionnent pas.
Sur les ... (désignation de l'article), il manque ...
Les ... (désignation de l'article) sont tordus/ont déteint/sont sales/sont rayés.
Nous pensons qu'il est préférable de vous renvoyer la livraison complète et que vous effectuiez une nouvelle livraison. Nous vous réexpédions la marchandise endommagée aujourd'hui même. Nous vous prions de faire en sorte que votre nouvelle livraison nous parvienne le plus rapidement possible.

10.4.3 Réduction de prix

Nous vous remercions de votre livraison arrivée comme prévue. La marchandise nous est parvenue le ... (date). En la vérifiant, nous avons constaté que quelques/beaucoup, de/tous les/ ... (nombre et désignation de l'article) sont défectueux.
Les ... (désignation de l'article) ne fonctionnent pas.
Sur les ... (désignation de l'article), il manque ...
Les ... (désignation de l'article) sont tordus/ont déteint/sont sales/sont rayés.
La couleur ne correspond pas au numéro de commande.
Néanmoins, nous pensons pouvoir réparer ces défauts dans nos ateliers/notre entreprise ce qui vous épargnerait des coûts inutiles et nous éviterait des retards. Nous vous prions de nous soumettre une offre sur les conditions auxquelles vous seriez prêts à nous laisser la marchandise défectueuse.
Nous vous donnerons tout de suite une réponse.

10.5 Zuwenig geliefert

Am ... (Datum) bestellten wir bei Ihnen ... (Anzahl) ... (Artikelbezeichnung). In Ihrer Bestellungsbestätigung und auch in der Versandbestätigung ist diese Anzahl korrekt angegeben.
Nun ist die Lieferung bei uns eingetroffen, und wir stellen fest, daß sie nur ... (Anzahl) enthält. Bitte prüfen Sie den Vorgang und senden Sie uns die fehlenden ... (Anzahl) so schnell wie möglich zu. Vielen Dank.

10.6 Rechnung fehlerhaft

10.6.1 Preis

In Ihrer Rechnung vom ... (Datum) weicht der Preis für die ... (Artikelbezeichnung) von Ihrem Angebot ab. Bitte senden Sie uns eine neue Rechnung mit dem korrekten Preis.

10.6.2 Rabatt

In Ihrer Rechnung vom ... (Datum) haben Sie versehentlich den vereinbarten Rabatt von ... Prozent nicht berücksichtigt. Bitte schicken Sie uns die neue Rechnung zu.

10.5 La livraison n'est pas complète

Le ... (date), nous vous avons commandé ... (nombre et désignation de l'article). Sur le bon de confirmation de commande ainsi que sur le bordereau d'expédition, le nombre indiqué est bien exact.
Maintenant, nous avons reçu la livraison et nous constatons qu'il n'y a que ... (nombre et désignation de l'article).
Nous vous prions de bien vouloir prendre en considération cet incident et de nous envoyer le plus rapidement possible les ... (nombre et désignation de l'article) qui manquent.
Nous vous en remercions à l'avance.

10.6 Erreur de facture

10.6.1 Prix

Sur votre facture du ... (date), le prix pour les ... (désignation de l'article) diffère de celui mentionné dans votre offre. Nous vous prions de bien vouloir nous envoyer une nouvelle facture avec le prix exact.

10.6.2 Rabais

Sur votre facture du ... (date), vous avez omis de mentionner le rabais de ... pour cent sur lequel nous nous étions mis d'accord. Nous vous prions de bien vouloir nous envoyer une nouvelle facture.

10.6.3 Stückzahl

In Ihrer Rechnung vom ... (Datum) haben Sie irrtümlich statt ... (Stückzahl) ... (Artikelbezeichnung) ... (Stückzahl) berechnet. Bitte senden Sie uns eine neue Rechnung mit der korrekten Mengenangabe.

10.6.4 Zahlungsbedingungen

In unserer Bestellung und in Ihrer Bestätigung sind andere Zahlungsbedingungen aufgeführt als in Ihrer Rechnung. Wir legen Ihnen eine Kopie Ihrer Bestätigung bei und bitten Sie, die Position in der Rechnung zu ändern. Vielen Dank.

10.6.5 Allgemein

Ihre Rechnung vom ... (Datum) enthält einen Fehler. Bitte ändern Sie die Angabe entsprechend unserer Bestellung. Auf der beigefügten Kopie haben wir die Position markiert.

10.6.3 Quantité

Sur votre facture du ... (date), vous avez par erreur facturé ... (nombre et désignation de l'article) au lieu de ... (nombre). Nous vous prions de bien vouloir nous envoyer une nouvelle facture avec le nombre exact.

10.6.4 Conditions de paiement

Votre facture fait apparaître d'autres conditions de paiement que celles mentionnées sur notre bon de commande et votre bon de confirmation. Nous joignons à la présente une copie de votre bon de confirmation et vous prions de bien vouloir corriger la facture.
Nous vous en remercions à l'avance.

10.6.5 Autres

Une erreur s'est glissée dans votre facture du ... (date).
Nous vous prions de bien vouloir modifier celle-ci conformément à notre commande. Nous avons souligné l'erreur sur la copie ci-jointe.

11. Beantwortung von Reklamationen

11. Réponse à une réclamation

11.1 Einleitungssätze

11.1.1 Ihre Reklamation vom ... haben wir erhalten.
11.1.2 Wir bestätigen Ihnen Ihre telefonische Reklamation vom .../ Ihr Fernschreiben vom ...
11.1.3 Für Ihre Reklamation vom ... danken wir Ihnen, denn wir sind stets bemüht, unsere Kunden zufriedenzustellen. Wenn sich doch einmal Mängel einstellen, ist es für uns sehr wichtig, davon zu erfahren.
11.1.4 Vielen Dank für Ihren Brief und vor allem für die Mühe, die Sie sich mit der exakten/umfangreichen/ausführlichen Beschreibung der Mängel gemacht haben.
11.1.5 Ihre Reklamation vom ... ist hier eingetroffen. Wir werden sie sehr sorgfältig prüfen.

11.2 Zwischenbescheid

11.2.1 Für die Prüfung der Mängel benötigen wir etwa ... Tage/Wochen.
11.2.2 Um die Ursache für die von Ihnen beschriebenen Mängel herauszufinden, sind eingehende Prüfungen erforderlich, die eine gewisse Zeit in Anspruch nehmen. Haben Sie deshalb bitte ein wenig Geduld, wir werden uns in etwa ... Tagen/Wochen bei Ihnen melden.
11.2.3 Wir nehmen Ihre Beanstandung sehr ernst und werden der Ursache auf den Grund gehen. Die genauen Prüfungen werden etwa ... Tage/Wochen in Anspruch nehmen. Bitte haben Sie dafür Verständnis.
11.2.4 Ihre Reklamation wird in den nächsten Tagen genau untersucht. Da wir solche seltenen Mängel sehr ernst nehmen, wird die Prüfung ... Tage/Wochen beanspruchen. Haben Sie deshalb bitte etwas Geduld. Vielen Dank für Ihr Verständnis.

11.1   Phrases d'introduction

11.1.1   Nous avons bien reçu votre réclamation du ...
11.1.2   Nous accusons réception de votre réclamation téléphonique du .../de votre télex du ...
11.1.3   Nous vous remercions de votre réclamation du ..., car nous nous efforçons toujours de satisfaire nos clients. Néanmoins s'il y a erreur de notre part, il est très important pour nous, d'en être informés.
11.1.4   Nous vous remercions de votre lettre et surtout du temps que vous avez consacré à la description exacte/complète/détaillée des défauts.
11.1.5   Nous accusons réception de votre réclamation du ...
Nous allons l'examiner très attentivement.

11.2   Première réponse

11.2.1   Afin de vérifier les défauts signalés, nous avons besoin d'environ ... jours/semaines.
11.2.2   Afin de déterminer la cause des défauts que vous nous avez signalés, il est nécessaire que nous procédions à quelques contrôles qui demandent un peu de temps.
C'est pourquoi nous vous prions de bien vouloir patienter un peu; nous reprendrons contact avec vous dans ... jours/semaines environ.
11.2.3   Nous prenons votre réclamation très au sérieux, et allons en rechercher la cause. Les vérifications vont durer environ ... jours/semaines. Nous vous remercions de votre compréhension.
11.2.4   Nous allons rechercher au cours des prochains jours la raison qui a entraîné votre réclamation. De telles défectuosités sont rares, aussi nous prenons cette affaire très au sérieux et vous demandons un délai de ... jours/semaines pour procéder aux

11.3 Korrigierte Unterlagen

Es tut uns leid, daß sich in den Auftrag/die Bestellungsannahme/die Rechnung/die Papiere ein Fehler eingeschlichen hat. Die korrigierten Unterlagen erhalten Sie mit diesem Brief. Bitte entschuldigen Sie unseren Irrtum.

11.4 Ersatzlieferung

11.4.1 Wir bedauern sehr, daß Sie mit unserer Lieferung vom ... nicht zufrieden sind. Selbstverständlich sind wir bereit, Ihnen Ersatz zu liefern. Senden Sie uns bitte die ... (Artikelbezeichnung) zu, und wir werden umgehend einwandfreie Ware an Sie absenden.

11.4.2 Die von Ihnen beschriebenen Mängel an der Lieferung vom ... (Datum) sind offenbar nicht zu beheben. Wir schlagen Ihnen deshalb die Neulieferung vor. Senden Sie uns die defekten ... (Artikelbezeichnung) bitte zu, Sie erhalten dann von uns einwandfreie Ware.

11.4.3 Die Versandkosten schreiben wir Ihnen mit der Rechnung gut. Wir bedauern sehr, daß Sie über die Lieferung verärgert sind, und bitten Sie um Entschuldigung.

vérifications. C'est pourquoi nous vous prions de bien vouloir patienter et vous remercions de votre compréhension.

11.3 Documents corrigés

Nous regrettons qu'une erreur se soit glissée dans la commande/le bon de confirmation de commande/la facture/les papiers. Nous joignons à la présente les documents corrigés et vous prions de bien vouloir excuser notre erreur.

11.4 Marchandise remplacée

11.4.1 Nous regrettons beaucoup que notre livraison du ... ne vous ait pas donné satisfaction. Naturellement, nous sommes prêts à remplacer la marchandise. Nous vous prions de nous renvoyer les ... (désignation de l'article) et nous vous expédierons sans délai une marchandise irréprochable.

11.4.2 Il n'est manifestement pas possible de réparer les défauts que vous avez constatés dans notre livraison du ... C'est pourquoi nous vous proposons une nouvelle livraison. Nous vous prions de nous renvoyer les ... (désignation de l'article) défectueux et nous vous expédierons une marchandise irréprochable.

11.4.3 Nous créditerons votre compte du montant de la facture et des frais de transport. Nous regrettons beaucoup les ennuis que vous a causés cette livraison et vous prions de bien vouloir nous en excuser.

11.5 Vorschlag: Preisnachlaß

11.5.1 Wir bedauern sehr, daß Sie mit der Lieferung vom ... nicht zufrieden sind. Inzwischen haben wir unsere Unterlagen geprüft und festgestellt, daß tatsächlich die falsche Ware an Sie ausgeliefert wurde.

11.5.2 Für den Fall, daß Sie die ... (Artikelbezeichnung) behalten wollen, bieten wir Ihnen einen Nachlaß von ... (Betrag oder Prozent) an. Teilen Sie uns bitte möglichst kurzfristig Ihre Entscheidung mit.

11.5 Proposition: réduction de prix

11.5.1 Nous regrettons beaucoup que la livraison du ... ne vous ait pas donné satisfaction. Entre-temps, nous avions procédé à des vérifications et constaté qu'en effet, nous ne vous avions pas envoyé la marchandise commandée.

11.5.2 Au cas où vous voudriez garder les ... (désignation de l'article), nous vous proposons une réduction de ... (montant ou pourcentage). Nous vous prions de bien vouloir nous informer rapidement de votre décision.

12. Die Mahnung

12. Le rappel

12.1 Die erste Mahnung

12.1.1 Wie wir festgestellt haben, ist die Lieferung vom ... (Datum) noch nicht bezahlt.
12.1.2 Leider mußten wir feststellen, daß Sie die Rechnung vom ... (Datum) noch nicht beglichen haben. Bitte zahlen Sie möglichst bald.
12.1.3 Laut Rechnung vom ... (Datum) war die Zahlung am ... (Datum) fällig. Sie ist bei uns nicht eingegangen. Vielen Dank im voraus für eine schnelle Erledigung.
12.1.4 Sie haben den Zahlungstermin, ... (Datum), den die Rechnung vorsieht, überschritten. Wann dürfen wir mit dem Geld rechnen?
12.1.5 Am ... (Datum) haben wir Ihnen – wie vereinbart – folgende Artikel geliefert: ... Leider haben wir Ihre Zahlung dafür noch nicht erhalten.
12.1.6 „Erst die Ware, dann das Geld!" – Die Ware haben Sie. Wann erhalten wir das Geld?
12.1.7 Zu Ihrer Erinnerung: Am ... (Datum) haben Sie von uns ... (Artikel) erhalten. Ihre Zahlung steht noch aus.

12.2 Die zweite Mahnung

12.2.1 Leider haben Sie unsere erste Zahlungserinnerung vom ... (Datum) unbeantwortet gelassen. Wir erwarten Ihre Zahlung bis zum ... (Datum).
12.2.2 Wie Sie bereits der ersten Mahnung vom ... (Datum) entnehmen konnten, haben Sie die Rechnung vom ... (Datum) nicht beglichen. Bitte überweisen Sie nun bis zum ... (Datum) ... DM auf unser Konto.
12.2.3 Wir erwarten Ihre Antwort – nach der zweiten Zahlungserinnerung – noch dringender.

12.1 Le premier rappel

12.1.1 Comme nous l'avons constaté, la livraison effectuée le ... (date) n'est pas encore payée.

12.1.2 Malheureusement nous avons dû constater que vous n'avez pas encore réglé la facture du ... (date). Nous vous prions de la régler le plus rapidement possible.

12.1.3 D'après notre facture du ... (date), le paiement devait être effectué le ... (date). Celui-ci ne nous est pas encore parvenu. Nous vous remercions à l'avance d'un règlement rapide.

12.1.4 Vous avez dépassé la date de paiement, ... (date), prévue sur la facture. Quand pensez-vous la régler?

12.1.5 Le ... (date), nous vous avons livré, comme convenu, les articles suivants: ... Malheureusement nous n'avons pas encore été payés.

12.1.6 «La marchandise d'abord, le paiement ensuite». La marchandise, vous l'avez. Quand aurons-nous le paiement?

12.1.7 Nous vous rappelons que le ... (date) nous vous avons livré ... (article). Nous attendons votre paiement.

12.2 Le deuxième rappel

12.2.1 Malheureusement vous n'avez pas répondu à notre premier rappel de paiement du ... (date). Nous attendons votre paiement d'ici le ... (date).

12.2.2 Comme vous pouvez le constater sur le premier rappel du ... (date), vous n'avez pas réglé la facture du ... Nous vous prions de virer ... DM sur notre compte d'ici le ... (date).

12.2.3 Après le deuxième rappel de paiement, il est encore plus urgent que vous nous répondiez.

12.2.4 Auf unsere Rechnung vom ... (Datum) und unsere erste Mahnung vom ... (Datum) haben wir noch keine Antwort. Bitte gleichen Sie nun den Kontostand bis zum ... (Datum) aus.

12.2.5 Gerne hätten wir auf dieses Schreiben verzichtet. Doch wir konnten leider noch keinen Zahlungseingang verbuchen – für die Rechnung vom ... (Datum) und die Erinnerung vom ... (Datum). Bitte überweisen Sie den offenstehenden Rechnungsbetrag von ... DM bis zum ... (Datum).

12.3 Die dritte Mahnung

12.3.1 Da Sie die Rechnung vom ... (Datum) auch nach den beiden Zahlungserinnerungen vom ... und vom ... (Daten) noch nicht beglichen haben, setzen wir Ihnen als letzten Zahlungstermin den ... (Datum).

12.3.2 Die Sache spitzt sich zu! Nach den beiden Mahnungen vom ... und vom (Daten) haben Sie die ... (Artikel) noch nicht bezahlt. Wenn Sie vermeiden wollen, daß wir die Angelegenheit an unsere Rechtsabteilung weiterleiten, dann zahlen Sie bitte bis zum ... (Datum).

12.3.3 Nach der zweiten Mahnung konnten wir für die Rechnung vom ... (Datum) noch keine Zahlung verbuchen. Ihr letzter Termin wird der ... (Datum) sein.

12.3.4 Zum dritten Mal möchten wir Sie an den offenstehenden Rechnungsbetrag vom ... (Datum) erinnern. Wir wären Ihnen sehr dankbar, wenn Sie die ... (Artikel) bis zum ... (Datum) bezahlen könnten.

12.4 Aufforderungssätze

12.4.1 Zahlen Sie bis zum ... (Datum).
12.4.2 Bitte begleichen Sie die Rechnung bis zum ... (Datum).

12.2.4   Nous n'avons encore aucune réponse à notre facture du ... (date) et à notre premier rappel du ... (date). Nous vous prions d'en régler le montant d'ici le ... (date).

12.2.5   Nous aurions volontiers renoncé à cette lettre. Malheureusement, nous n'avons pas encore pu enregistrer de paiement pour la facture du ... (date) et le rappel du ... (date). Nous vous prions de virer d'ici le ... (date) la somme qui reste à payer, à savoir ... DM.

12.3   Le troisième rappel

12.3.1   Etant donné que même après les deux rappels de paiement du ... (date) et du ... (date), vous n'avez pas réglé la facture du ... (date), nous vous fixons le ... (date) comme date ultime de paiement.

12.3.2   L'affaire se complique! Même après les deux rappels du ... (date) et du ... (date) vous n'avez toujours pas payé les ... (article). Si vous voulez éviter que nous passions l'affaire à notre service juridique, nous vous demandons de payer d'ici le ... (date).

12.3.3   Même après le deuxième rappel, nous n'avons toujours pas pu enregistrer de paiement pour la facture du ... (date). Votre ultime date de paiement est fixée au ... (date).

12.3.4   Pour la troisième fois, nous vous rappelons qu'il vous reste à payer le montant de la facture du ... (date). Nous vous serions très reconnaissants si vous pouviez payer les ... (article) d'ici le ... (date).

12.4   Demande de paiement

12.4.1   Veuillez payer d'ici le ... (date).
12.4.2   Nous vous prions de régler la facture d'ici le ... (date).

12.4.3	Gleichen Sie bitte den Kontostand aus.
12.4.4	Wann dürfen wir auf Ihre Zahlung hoffen? Was halten Sie vom ... (Datum).
12.4.5	Können wir bis zum ... (Datum) den Rechnungsbetrag von ... DM verbuchen?
12.4.6	Sie sollten die Rechnung bis zum ... (Datum) beglichen haben.
12.4.7	Wir räumen Ihnen eine letzte Frist von ... Tagen ein.
12.4.8	Überweisen Sie bitte den Betrag von ... DM.
12.4.9	Mit Freude sehen wir Ihrer Zahlung entgegen.
12.4.10	Wir bitten Sie um eine möglichst schnelle Begleichung unserer Rechnung.
12.4.11	Im voraus herzlichen Dank für die unverzügliche Zahlung.

12.5 Der Brief zur ersten Mahnung

12.5.1 „Bei Geld hört die Freundschaft auf."

Sehr geehrte Damen und Herren,

bei uns nicht! Darum werden Sie auch sicher Verständnis haben, wenn wir Sie in aller Freundschaft an die noch offene Rechnung vom ... (Datum) erinnern.
Bitte überweisen Sie den Rechnungsbetrag auf unser Konto:
...
Vielen Dank im voraus!

Mit den besten Grüßen
Ihr

Anlage
Rechnungskopie

12.4.3	Nous vous prions de régler le solde du compte.
12.4.4	Quand pouvons-nous espérer votre paiement? Que pensez-vous du ... (date)?
12.4.5	Pourrons-nous enregistrer le montant facturé de ... DM d'ici le ... (date)?
12.4.6	Vous auriez dû régler la facture au plus tard le ... (date).
12.4.7	Nous vous accordons un dernier délai de ... jours.
12.4.8	Nous vous prions de virer le montant de ... DM.
12.4.9	C'est avec plaisir que nous recevrons votre paiement.
12.4.10	Nous vous remercions de bien vouloir régler notre facture le plus rapidement possible.
12.4.11	Nous vous remercions à l'avance d'un paiement rapide.

12.5 La lettre du premier rappel

12.5.1 «Les bons comptes font les bons amis»

Mesdames, Messieurs,

Chez nous aussi! C'est pourquoi vous nous comprendrez certainement si, en tant que partenaire loyal, nous vous rappelons que la facture du ... (date) n'a pas encore été réglée.
Nous vous prions de bien vouloir virer le montant de la facture sur notre compte:
Avec nos remerciements anticipés, nous vous prions d'agréer, Mesdames, Messieurs, nos salutations distinguées.

Pièce jointe
Copie de la facture

12.5.2   Unsere Rechnung vom ... (Datum),
sehr geehrte Damen und Herren,

haben Sie – wie wir unseren Unterlagen entnehmen – leider noch nicht beglichen. Wir schicken sie Ihnen darum noch einmal als Kopie zu und hoffen auf Ihre Zahlung bis zum ... (Datum).

Mit freundlichen Grüßen
Ihr

Anlage
Rechnungskopie

12.6   Der Brief zur zweiten Mahnung

12.6.1   Unsere Rechnung vom ... (Datum)
Unsere Zahlungserinnerung vom ... (Datum)

Sehr geehrte Damen und Herren,

leider haben Sie auf die Zahlungserinnerung noch nicht geantwortet.
Wir schicken Ihnen darum abermals eine Kopie der Rechnung über ... (Artikel). Bitte veranlassen Sie bis zum ... (Datum) die Zahlung auf unser Konto.

Mit freundlichen Grüßen
Ihr

Anlage
Kopie der Rechnung

12.5.2　　Mesdames, Messieurs,

Comme nos comptes le font ressortir, vous n'avez malheureusement pas encore réglé notre facture du ... (date). C'est pourquoi nous vous en envoyons une copie et attendons votre paiement d'ici le ... (date).
Nous vous prions d'agréer, Mesdames, Messieurs, nos salutations distinguées.

Pièce jointe
Copie de la facture

12.6　　La lettre du deuxième rappel

12.6.1　　Notre facture du ... (date)
　　　　　Notre rappel du ... (date)

Mesdames, Messieurs,

Malheureusement vous n'avez pas donné réponse à notre rappel.
C'est pourquoi nous vous envoyons à nouveau une copie de la facture pour ... (article). Nous vous prions d'en verser le montant sur notre compte d'ici le ...
Nous vous prions d'agréer, Mesdames, Messieurs, nos salutations distinguées.

Pièce jointe
Copie de la facture

12.6.2   Unsere Rechnung vom ... (Datum), Rechnungsnummer ...
           Unsere erste Zahlungserinnerung vom ... (Datum)

           Sehr geehrte Damen und Herren,

           bis zum heutigen Tag konnten wir die fällige Begleichung der Rechnung nicht bestätigen. Wir bedauern das sehr.
           Wir räumen Ihnen einen Zahlungsaufschub bis zum ... (Datum) ein.
           Bitte veranlassen Sie die Zahlung, wenn Sie eine gute Geschäftsbeziehung nicht belasten wollen.
           Gewiß verstehen Sie unsere Ungeduld.

           Mit freundlichen Grüßen
           Ihr

           Anlage
           Rechnungskopie

12.7   Der Brief zur dritten Mahnung

12.7.1   Unsere Rechnung vom ... (Datum), Rechnungsnummer ...
           Unsere Zahlungserinnerungen vom ... (Daten)

           Sehr geehrte Damen und Herren,

           zum dritten Mal erinnern wir Sie nun an den Rechnungsbetrag von ... DM, der bereits am ... (Datum) fällig war.
           Leider müssen wir Ihnen einen letzten Termin setzen. Bitte bearbeiten Sie die Rechnung bis zum ... (Datum), wenn Sie

12.6.2   Notre facture du ... (date), numéro de facture ...
Notre premier rappel du ... (date)

Mesdames, Messieurs,

Jusqu'à aujourd'hui nous n'avons pas pu confirmer le règlement arrivé à échéance de la facture. Nous le regrettons beaucoup.
Nous reportons l'échéance au ... (date).
Nous vous prions de procéder au paiement, si vous ne voulez pas assombrir de bonnes relations d'affaires.
Nous sommes certains que vous comprenez notre impatience.
Nous vous prions d'agréer, Mesdames, Messieurs, nos salutations distinguées.

Pièce jointe
Copie de la facture

12.7   La lettre du troisième rappel

12.7.1   Notre facture du ... (date), numéro de facture ... Nos rappels du ... et du ... (dates).

Mesdames, Messieurs,

Pour la troisième fois, nous vous rappelons le montant de la facture s'élevant à ... DM arrivée à échéance le ... (date).
Malheureusement nous devons vous accorder une ultime date de paiement. Nous vous prions de régler la facture d'ici le ...

unsere Geschäftsbeziehung nicht gefährden wollen. Mit der Zahlung würden Sie uns den Rechtsweg ersparen, den wir nach dem ... (Datum) gehen müßten.
Wir hoffen auf Ihre Zahlungsbereitschaft!

Mit freundlichen Grüßen
Ihr

Anlage
Kopie der Rechnung

12.7.2 Unsere Rechnung vom ... (Datum)
Unsere Erinnerungsschreiben vom ... (Daten)

Sehr geehrte Damen und Herren,

noch immer erwarten wir, daß Sie unsere Rechnung begleichen. Zum letzten Mal räumen wir Ihnen einen Zahlungstermin ein.
Falls Sie Ihren Verpflichtungen jedoch bis zum ... (Datum) nicht nachkommen, müssen wir leider weitere Schritte einleiten, um den Gegenwert für unsere Waren zu erhalten, über die Sie bereits seit dem ... (Datum) verfügen.
Ich hoffe jedoch, Sie entscheiden sich für die problemlosere Lösung: für die Zahlung, damit unsere geschäftliche Verbindung nicht nachhaltig getrübt wird.

Mit freundlichen Grüßen
Ihr

Anlage
Rechnungskopie

(date) si vous ne voulez pas compromettre nos relations d'affaires. En payant, vous nous éviteriez d'avoir recours aux moyens légaux; mesures que nous serions obligés de prendre après le ... (date).
Nous espérons que vous voudrez bien nous régler et vous prions d'agréer, Mesdames, Messieurs, nos salutations distinguées.

Pièce jointe
Copie de la facture

12.7.2   Notre facture du ... (date)
Nos rappels du ... (date) et du ... (date)

Mesdames, Messieurs,

Nous attendons toujours le règlement de notre facture. Pour la dernière fois nous vous accordons un délai de paiement.
Dans le cas où vous ne rempliriez pas vos obligations de paiement d'ici le ... nous serions malheureusement obligés de prendre d'autres mesures pour recouvrir la valeur de nos marchandises qui sont déjà à votre disposition depuis le ... (date). Nous espérons néanmoins que vous vous déciderez pour la solution simple, c'est-à-dire le paiement, afin que nos relations d'affaires ne soient pas compromises trop longtemps.
Nous vous prions d'agréer, Mesdames, Messieurs, nos salutations distinguées.

Pièce jointe
Copie de la facture

13. Messebriefe

13. Lettres envoyées à l'occasion d'une foire

13.1 Einladung

13.1.1	Wir möchten Sie einladen zur ...-Messe.
13.1.2	Seien Sie willkommen in unserem Stand auf der ...-Messe.
13.1.3	Wir freuen uns, Sie auf unserem Messestand begrüßen zu dürfen.
13.1.4	Seien Sie unser Gast auf der ...-Messe.
13.1.5	Wann dürfen wir Sie auf unserem Messestand begrüßen?

13.2 Messeattraktion

13.2.1	Ganz aktuell für die Saison 19.. präsentieren wir Ihnen unsere neuesten Produkte.
13.2.2	Was Sie sich unbedingt auf der ...-Messe anschauen sollten ...
13.2.3	Der Fortschritt bleibt nicht stehen. Mit den neuesten ... (Artikel) von ... bieten Sie Ihren Kunden schon jetzt die Produkte der Zukunft.
13.3.4	Wenn Sie auf der ...-Messe ein wenig Ruhe und Erholung suchen, dann kommen Sie einfach bei uns vorbei. In entspannter Atmosphäre bieten wir Ihnen erfrischende Köstlichkeiten und einen unverbindlichen Einblick in unser aktuelles Warenprogramm.
13.3.5	Wenn Sie Kunden vertreten, die den gehobenen Anspruch schätzen, wenn Ihre Kunden höchste Qualität erwarten und wenn Sie für Ihre Kunden günstig einkaufen wollen, dann sollten Sie unsere neuen ... (Artikel) prüfen.
13.2.6	Wie zuverlässig kann und muß ein ... (Artikel) sein? Die Antwort finden Sie auf unserem Messestand.

13.1 Invitation

13.1.1 Nous voudrions vous inviter à la foire ...
13.1.2 Soyez le/la bienvenu/e à notre stand à la foire ...
13.1.3 Nous nous réjouissons de pouvoir vous rencontrer sur notre stand de foire.
13.1.4 Soyez notre invité à la foire ...
13.1.5 Quand pourrons-nous vous rencontrer sur notre stand de foire?

13.2 Produits et articles de foire

13.2.1 Nous vous présentons nos derniers produits, tout ce qu'il y a de plus moderne pour la saison 19..
13.2.2 Ce qu'il faut que vous ayez absolument vu à la foire ...
13.2.3 On n'arrête pas le progrès. Avec les derniers ... (articles) de ... vous proposez déjà à vos clients des produits de demain.
13.2.4 Si, à la foire ... vous recherchez un peu de calme et de détente, passez simplement nous voir. Dans une atmosphère détendue nous vous offrons des délices rafraîchissants et la possibilité de regarder, sans engagement de votre part, la gamme des produits que nous proposons actuellement.
13.2.5 Si vous avez des clients qui sont très exigents, si vos clients recherchent la qualité la meilleure, et si vous voulez acheter moins cher pour vos clients, alors vous devriez essayer/tester notre nouveau ... (article).
13.2.6 Quels degrés de fiabilité peut et doit avoir un ... (article)? Vous trouverez la réponse à notre stand de foire.

13.3 Lage des Messestandes

13.3.1 Unser Messestand ist in Halle ...
13.3.2 Unseren Messestand finden Sie in Halle ...
13.3.3 Kommen Sie einfach in die Halle ... Dort finden Sie uns gleich neben der Information.
13.3.4 Bitte merken Sie sich: Halle ..., Standnummer ... Dort finden Sie Ihre ... GmbH.
13.3.5 Wir freuen uns auf Ihren Besuch in Halle ..., Stand ...

13.3.6 Damit Sie uns nicht lange suchen müssen, wählen Sie gleich den Nord-Eingang. Von dort führt ein Weg direkt in die Halle ...

13.4 Der Brief zur Messeeinladung

13.4.1 Herzlich willkommen zur ...-Messe!

Sehr geehrte Damen und Herren,

auf der diesjährigen ...-Messe möchten wir Sie wieder mit unseren neuesten Produkten vertraut machen.
Sie wissen ja, der Fortschritt steht niemals still. Und wir sind längst auf die Entwicklungen von morgen vorbereitet.
Wenn Sie also beizeiten wissen wollen, was Sie in Zukunft wissen müssen, um in Ihrer Branche bestehen zu können, dann sollten Sie sich von unserem Fachpersonal unverbindlich informieren lassen.
Wir freuen uns auf Ihren Besuch in Halle ... Dort nehmen Sie mit der ... GmbH am Fortschritt teil.

Mit den besten Grüßen
Ihr

13.3 Emplacement du stand de foire

13.3.1 Notre stand se trouve dans le hall …
13.3.2 Vous trouverez notre stand de foire dans le hall …
13.3.3 Entrez simplement dans le hall … Vous nous trouverez tout de suite à côté du stand d'information.
13.3.4 Veuillez noter SVP: hall …, numéro de stand … Là, vous trouverez la SARL …
13.3.5 Nous serons heureux de vous rencontrer dans le hall …, stand …
13.3.6 Pour ne pas avoir à nous chercher longtemps, prenez tout de suite l'entrée nord. De là, une allée vous conduit dans le hall …

13.4 L'invitation pour la foire

13.4.1 Mesdames, Messieurs,

Bienvenus à la foire …!
A la foire … de cette année nous voudrions vous présenter nos derniers produits.
Vous le savez, on n'arrête pas le progrès. Et nous sommes depuis longtemps préparés aux techniques de demain.
Si donc vous voulez être informés à temps de ce que vous devrez savoir demain pour rester compétitifs dans votre branche, venez vous informer, sans engagement, auprès de nos spécialistes.
Nous nous réjouissons de votre visite dans le hall … Avec la SARL … vous prendrez part au progrès.
Nous vous prions d'agréer, Mesdames, Messieurs, nos respectueuses salutations.

13.4.2　　Einladung zur ...-Messe

Sehr geehrter Herr ...,

wir laden Sie ein zu einem informativen Besuch auf unserem Messestand in Halle ...
Da Sie schon seit Jahren zu unseren Stammkunden zählen, wird es Sie gewiß auch interessieren, welche Neuerungen Sie 19.. von der ... GmbH erwarten dürfen.
Wir stellen Ihnen exklusiv unseren neuen ... (Artikel) vor. An ihm ist einfach alles anders im Vergleich zu seinen Vorgängermodellen. Lassen Sie sich überraschen!
Schon jetzt freuen wir uns auf Ihren Besuch.

Mit den besten Grüßen
Ihr

PS: Sie finden uns in der Halle ...

13.5　　Dank für den Messebesuch

13.5.1	Vielen Dank für Ihren Besuch auf der ...-Messe.
13.5.2	Herzlichen Dank für Ihren Messebesuch!
13.5.3	Wir haben uns sehr gefreut, Sie auf der ...-Messe wiederzusehen.
13.5.4	Es ist schön, auch ein paar gute Bekannte aus dem Ausland auf der ...-Messe getroffen zu haben.
13.5.5	Herzlichen Dank für Ihr Interesse an unseren Neuheiten.

13.4.2   Invitation à la foire …

Monsieur,

Nous vous invitons à venir vous informer à notre stand de foire dans le hall …
Comme vous faites partie de notre clientèle régulière depuis déjà des années, cela vous intéressera également certainement de savoir quelles nouveautés vous pouvez attendre en 19.. de la SARL …
Nous vous présentons en exclusivité notre nouveau … (article). Comparé aux modèles présentés jusqu'à présent, celui-ci est simplement totalement différent. Vous serez étonné!
Nous nous réjouissons déjà de votre visite et vous prions d'agréer, Monsieur, nos respectueuses salutations.

P.S.: Vous nous trouverez dans le hall …

13.5   Remerciements pour la visite à la foire

13.5.1   Merci beaucoup pour votre visite à la foire …
13.5.2   Tous nos remerciements pour votre visite à la foire.
13.5.3   Nous avons été très heureux de vous retrouver à la foire …

13.5.4   C'est bien agréable d'avoir pu également rencontrer quelques amis venus de l'étranger à la foire …
13.5.5   Tous nos remerciements pour l'intérêt que vous portez à nos nouveaux produits.

13.6 Weitere Informationen

13.6.1 Leider hatten wir während der Messe noch keine Prospekte zu unserem ... (Artikel). Heute jedoch können wir sie Ihnen zuschicken.

13.6.2 Wenn Sie sich für unser gesamtes Lieferprogramm interessieren, wenden Sie sich bitte an unseren Mitarbeiter, Herrn ...

13.6.3 Hat Ihnen unser ... (Artikel) gefallen? – Dann sind Sie sicher auch an weiteren Informationen interessiert. Wir haben Ihnen hier einige Prospekte zusammengestellt.

13.6.4 Sollten Sie im Anschluß an Ihren Messebesuch noch Fragen haben zu unserem Lieferprogramm – unser Mitarbeiter, Herr ..., berät Sie gerne.

13.6.5 Wie hat Ihnen unser Angebot gefallen? Bitte sprechen Sie mit unserem Agenten in Frankreich. Er wird Ihnen alle weiteren Informationen zur Verfügung stellen.

13.7 Nachfaßbrief zur Messe

13.7.1 Herzlichen Dank für Ihren Messebesuch.

Sehr geehrter Herr ...,

wir haben uns sehr darüber gefreut. Hoffentlich wurden Sie für Ihre weite Reise an unserem Stand ein wenig entschädigt. Haben Sie sich mit unserem neuen ... (Artikel) vertraut gemacht? Dann sind Sie doch gewiß auch der Meinung, daß er sich in Ihrem Land sehr gut auf dem Markt plazieren ließe. Nach der Messe haben wir gleich einige Verkaufskonzepte erarbeitet. Wir haben sie diesem Schreiben beigelegt.

13.6 Autres informations

13.6.1 Durant la foire nous n'avions malheureusement pas encore de prospectus sur notre ... (article). Aujourd'hui nous pouvons vous les envoyer.
13.6.2 Si vous êtes intéressé par la gamme complète de nos produits, nous vous prions de vous adresser à notre collaborateur Monsieur ...
13.6.3 Est-ce que notre ... (article) vous a plu? Vous êtes alors certainement intéressé par d'autres informations. Nous vous avons préparé quelques prospectus.
13.6.4 Au cas où, après votre visite à la foire, vous auriez d'autres questions concernant nos produits, notre collaborateur Monsieur ... se fera un plaisir de vous conseiller.
13.6.5 Notre offre vous a-t-elle plu? Veuillez prendre contact avec notre agent en France. Il vous fournira toute information complémentaire.

13.7 Relance du client après la foire

13.7.1 Monsieur,

Tous nos remerciements pour votre visite à la foire. Nous en avons été très heureux. Nous espérons que votre visite à notre stand vous a quelque peu dédommagé de votre long voyage.
Vous êtes-vous familiarisé avec notre nouveau ... (article)? Vous êtes alors certainement d'avis qu'il se vendra très bien dans votre pays. tout de suite après la foire, nous avons développé quelques idées quant à la vente. Nous vous les soumettons avec cette lettre.

Natürlich sind wir an Ihrer Meinung interessiert. Bitte schreiben Sie uns, ob Sie sich einen Einkauf unserer ... (Artikel) vorstellen können.

Mit den besten Wünschen
Ihr

Anlage

13.7.2 Sehr geehrter Herr ...,

über Ihren Messebesuch haben wir uns sehr gefreut. Wir hoffen, unsere ... (Artikel) haben Ihren Erwartungen entsprochen.
Konnten Sie sich schon entschließen, unser Angebot wahrzunehmen?
Falls sich jedoch noch einige Fragen ergeben haben, wenden Sie sich bitte an unseren Mitarbeiter, Herrn ... Er wird Ihnen gerne weitere Informationen geben.

Mit freundlichen Grüßen
Ihr

Nous sommes naturellement intéressés par votre opinion.
Nous vous prions de nous faire savoir si vous envisagez éventuellemnent l'achat de notre ... (article).

Nous vous prions d'agréer, Monsieur, l'expression de nos sentiments dévoués.

P.J.

13.7.2   Monsieur,

Nous avons été très heureux de votre visite à la foire. Nous espérons que nos ... (article) correspondent à ce que vous attendiez.
Avec-vous déjà décidé si vous acceptiez notre offre?
Au cas où vous auriez encore d'autres questions, nous vous prions de bien vouloir contacter notre collaborateur Monsieur ... C'est avec plaisir qu'il vous donnera toutes les informations nécessaires.
Nous vous prions d'agréer, Monsieur, nos respectueuses salutations.

14. Glückwünsche

14. Vœux

14.1 Firmenjubiläum

14.1.1 Glückwunschsätze

14.1.1.1 Die besten Wünsche zum 25jährigen Bestehen Ihres Unternehmens!

14.1.1.2 Wir gratulieren Ihnen zu einem Vierteljahrhundert Firmengeschichte.

14.1.1.3 Mit meinen herzlichsten Glückwünschen zum Firmenjubiläum möchte ich mich in die Schar der Gratulanten einreihen.

14.1.1.4 Ein 30. Firmenjubiläum, das verdient, gefeiert zu werden. Wir wünschen Ihnen dazu viel Glück.

14.1.1.5 Nur durch Leistung kann sich ein Unternehmen auf dem Markt der Wettbewerber behaupten. Ihr Unternehmen feiert in diesen Tagen sein 50jähriges Bestehen. Die Leistung hat sich gelohnt. Unsere besten Glückwünsche!

14.1.1.6 Wir gratulieren Ihnen von Herzen zur 40jährigen Firmentradition. Ein beachtlicher Erfolg!

14.1.1.7 Es gilt einen beachtlichen Erfolg zu feiern: seit 50 Jahren besteht die ... GmbH. Wir wünschen Ihnen und Ihren Mitarbeitern für die Zukunft alles Gute.

14.1.1.8 Nicht die Firma schafft es, 40 Jahre erfolgreich zu arbeiten. Es sind immer die Geschäftsleitung und die Belegschaft, die ein Unternehmen leben und wachsen lassen. Darum gilt Ihnen, den Menschen, meine besondere Achtung. Herzlichen Glückwunsch zum Firmenjubiläum!

14.1.1.9 Ich wünsche Ihnen, daß Sie die kommenden 25 Jahre so erfolgreich bestehen wie die vergangenen.

14.1.1.10 Welches Unternehmen kann schon auf eine so lange Geschichte zurückblicken? 100 Jahre, dabei verblassen alle Worte. Bleibt mir nur, Ihnen weiterhin alles Gute zu wünschen.

14.1 Anniversaire d'une entreprise

14.1.1 Meilleurs vœux

14.1.1.1 Nos meilleurs vœux à l'occasion du 25ème anniversaire de votre entreprise!

14.1.1.2 Tous nos compliments à une firme qui fête un quart de siècle.

14.1.1.3 A l'occasion du jubilé de votre firme, j'espère compter parmi ceux qui vous présentent leurs vœux les meilleurs.

14.1.1.4 Un jubilé qui marque les 30 ans d'une firme, ça mérite d'être célébré. A cette occasion nous vous présentons tous nos vœux.

14.1.1.5 Ce n'est qu'en étant performant qu'une entreprise peut s'imposer sur un marché concurrentiel. Votre entreprise célèbre actuellement son 50e anniversaire. L'effort a été récompensé. Acceptez nos meilleurs vœux!

14.1.1.6 Nous vous félicitons de tout cœur pour les 40 ans de votre firme. Un succès énorme!

14.1.1.7 Une bonne occasion de fêter un énorme succès: les 50 ans de la SARL ... Nous vous souhaitons à vous et à vos employés beaucoup de succès à l'avenir.

14.1.1.8 Ce n'est pas la firme qui travaille pendant 40 ans avec succès. Ce sont toujours la direction et les employés qui font vivre et croître une entreprise. C'est pourquoi toute mon estime va vers vous, Mesdames et Messieurs. Meilleurs vœux à l'occasion de l'anniversaire!

14.1.1.9 Je souhaite que les 25 prochaines années soient couronnées de succès comme l'ont été les 25 dernières.

14.1.1.10 Quelle entreprise peut se prévaloir d'un passé aussi long? 100 ans! Les mots perdent toute leur valeur. Il ne me reste donc plus qu'à vous souhaiter une bonne continuation.

14.1.2 Der Brief zum Firmenjubiläum

14.1.2.1 Sehr geehrte Damen und Herren,

zu Ihrem Geschäftsjubiläum gratulieren wir Ihnen ganz herzlich und wünschen Ihrem Unternehmen eine erfolgversprechende Zukunft.
Wie ich freilich Ihren Tatendrang und Ihre Innovationsfreudigkeit kenne, werden Ihre nächsten Erfolge nicht lange auf sich warten lassen. Selbstverständlich hoffen wir, dann auch weiterhin zu Ihren Partnern zu gehören.
Um Ihnen ein Dankeschön für die bisherige Zusammenarbeit zu übermitteln, haben wir für Sie eine kleine Kiste mit lokalen Köstlichkeiten zusammengestellt. Guten Appetit!
Und viel Spaß bei der Jubiläumsfeier, das wünschen Ihnen und Ihren Mitarbeitern

Ihre

Anlage

14.1.2.2 Herzlichen Glückwunsch zum 75jährigen Bestehen Ihres Unternehmens!

Sehr geehrter Herr ...,

ein Traditionsunternehmen, das sich dem Europäischen Markt stellt und dabei so hervorragend seine Position behauptet wie das Ihre, verdient unsere Anerkennung. Und es gibt wohl keinen besseren Anlaß als Ihr Jubiläum, um Ihren wirtschaftlichen Einsatz zu würdigen.
Das innovative Potential Ihres Unternehmens geht weit über die Grenzen Ihres Landes hinaus. Somit fördern Sie in beträchtlichem Maße den technologischen Austausch, den Europa so dringend braucht, um konkurrenzfähig zu bleiben.

14.1.2 La lettre à l'occasion de l'anniversaire

14.1.2.1 Mesdames, Messieurs,

C'est de tout cœur que nous vous adressons nos félicitations à l'occasion de l'anniversaire de votre entreprise, et nous vous souhaitons beaucoup de succès à l'avenir.
Etant donné votre dynamisme et votre intérêt pour tout ce qui est nouveau, vos prochaines réussites ne se feront pas attendre longtemps. Naturellement nous espérons continuer à figurer parmi vos partenaires commerciaux.
Afin d'exprimer notre reconnaissance pour le travail effectué jusqu'ici, nous avons préparé une petite caisse avec des spécialités de la région. Bon appétit!
A l'occasion de l'anniversaire, nous vous souhaitons une bonne fête, à vous et à vos employés, et vous prions d'agréer, Mesdames, Messieurs, l'expression de nos sentiments les meilleurs.

Pièce jointe

14.1.2.2 Cher Monsieur …,

Nos meilleurs vœux à l'occasion du 75e anniversaire de votre entreprise!
Une entreprise avec tradition, comme la vôtre, qui affronte le marché européen et qui affirme sa position de façon si éminente, mérite considération. Et votre anniversaire est bien la meilleure occasion d'honorer votre engagement dans le monde économique.
Le potentiel créatif de votre entreprise va bien au-delà des frontières de votre pays. Ainsi favorisez-vous considérablement les échanges de technologies dont l'Europe a tant besoin face à ses concurrents.
J'espère que la direction de l'entreprise suivra également au

Ich hoffe, die Unternehmensleitung wird auch in den nächsten Jahren den für seine Partner wichtigen Kurs beibehalten.

Mit den besten Wünschen für eine erfolgreiche Zukunft
Ihr

14.1.2.3 Zum 30. Firmenjubiläum,
Sehr geehrter Herr ...,

gratuliere ich Ihnen und Ihren Mitarbeitern herzlich und wünsche Ihnen für die Zukunft ein frohes Schaffen und den gebührenden Erfolg.
Ihre Feier möchte ich auch zum Anlaß nehmen, um Ihnen für die vorzügliche Zusammenarbeit zu danken, die unsere Geschäftsbeziehung auszeichnet. Ich hoffe, in den kommenden Jahren werden wir uns noch etliche Bereiche der Kooperation erschließen können.
Bitte nehmen Sie als Anerkennung für Ihre Leistung dieses Präsent. Ich hoffe, es gefällt Ihnen.

Mit den besten Grüßen
Ihr

Anlage
Präsent

cours des prochaines années la même politique si importante pour de nombreux partenaires.
Nous vous présentons nos meilleurs vœux pour vos succès futurs et vous prions d'agréer, cher Monsieur ..., l'expression de nos sentiments dévoués.

14.1.2.3   Cher Monsieur ...

Toutes mes félicitations à vous et à vos employés à l'occasion du 30e anniversaire de votre firme, à laquelle je souhaite un heureux développement à l'avenir et le succès qu'elle mérite.
Je voudrais saisir l'occasion de cette célébration pour vous remercier de l'excellente coopération qui caractérise nos relations d'affaires. J'espère que nous pourrons au cours des prochaines années étendre notre coopération dans d'autres domaines encore.
Je vous prie de bien vouloir accepter ce présent comme gage de reconnaissance à l'accomplissement de votre travail. J'espère qu'il vous plaira.
Je vous prie d'agréer, cher Monsieur ..., l'expression de mes sentiments les meilleurs.

Pièce jointe
Présent

14.1.2.4　Sehr geehrter Herr …,

zum 25. Firmenjubiläum gratuliere ich Ihnen ganz herzlich. Ich weiß, daß vor allem Sie für die Entwicklung der Firma in den letzten Jahren verantwortlich waren. Darum gilt Ihnen mein Dank für die guten Geschäftsbeziehungen, die wir während dieser Zeit mit Ihrem Unternehmen pflegen durften.
Bestimmt wird es Ihnen auch in der Zukunft gelingen, die … (Name der Firma) zu weiteren Höhen zu führen.
Ich wünsche Ihnen dazu Glück und viel Erfolg.

Mit freundlichen Grüßen
Ihr

14.2　Geburtstag

14.2.1　Glückwunschsätze

14.2.1.1　Zum Geburtstag die besten Wünsche von …
14.2.1.2　Zum Geburtstag wünsche ich Ihnen Glück, Erfolg und Gesundheit.
14.2.1.3　Ich wünsche Ihnen zu Ihrem 50. Geburtstag beruflichen Erfolg, privates Glück und vor allem Gesundheit.

14.2.1.4　Alles Gute zum 40. Geburtstag.
14.2.1.5　Mit 60 Jahren noch so aktiv, das verdient unsere Hochachtung. Für die nächsten Jahre wünschen wir Ihnen den gleichen Erfolg.
14.2.1.6　Leider können wir Ihnen nicht persönlich gratulieren. Doch nehmen Sie aus der Ferne unsere besten Wünsche zum 50. Geburtstag entgegen. Wir wünschen Ihnen und uns eine weiterhin erfolgreiche Zusammenarbeit.

14.1.2.4   Cher Monsieur ...,

Acceptez toutes mes félicitations à l'occasion du 25e anniversaire de votre firme.
Je sais que c'est surtout à vous que la firme doit son expansion des dernières années. C'est pourquoi je vous remercie également pour les bonnes relations d'affaires que nous avons pu entretenir avec votre entreprise pendant ces années.
Je suis certain que vous réussirez également au cours des 25 prochaines années à mener la ... (nom de la firme) vers d'autres sommets.
En tout cas je vous souhaite bonne chance et beaucoup de succès.
Je vous prie d'agréer, cher Monsieur ..., l'expression de mes sentiments les meilleurs.

14.2   Anniversaire

14.2.1   Vœux

14.2.1.1   Meilleurs vœux d'anniversaire de la part de ...
14.2.1.2   Pour votre anniversaire, je vous souhaite bonheur, succès et santé.
14.2.1.3   A l'occasion de votre 50e anniversaire je vous souhaite, dans votre vie professionnelle, le succès, dans votre vie privée, le bonheur, et avant tout une bonne santé.
14.2.1.4   Tous nos vœux à l'occasion de votre 40e anniversaire.
14.2.1.5   Etre si actif à 60 ans, cela mérite considération. Nous vous souhaitons le même dynamisme pour les prochaines années.

14.2.1.6   Malheureusement nous ne pouvons pas vous féliciter en personne. Néanmoins, recevez, même si nous sommes loin, nos meilleurs vœux pour votre 50e anniversaire. Nous espérons que notre coopération se poursuivra avec succès.

14.2.1.7 Wir haben ihn nicht vergessen: Ihren 50. Geburtstag! Auch wir gratulieren Ihnen herzlich zu Ihrem Wiegenfest und wünschen Ihnen ein weiterhin erfülltes Leben.
14.2.1.8 Mit dem Alter wächst die Reife und die Klugheit. Daß Sie sich jedoch auch Ihre jugendliche Vitalität erhalten, dessen sind wir gewiß. Einen glücklichen Festtag wünschen Ihnen ...

14.2.1.9 Bis zu Ihrem 50. Geburtstag haben Sie ein beachtliches Lebenswerk geschaffen. Was dürfen wir noch von Ihnen erwarten? – Was es auch sein wird, wir wünschen Ihnen dazu Glück und Erfolg.

14.2.2 Der Brief zum Geburtstag

14.2.2.1 Sehr geehrter Herr ...,

erlauben Sie mir, Ihnen mit ein paar Flaschen Wein zum 60. Geburtstag zu gratulieren. Habe ich damit Ihren Geschmack getroffen?
Für die Zukunft wünsche ich Ihnen weiterhin Erfolg, Glück und Gesundheit. Bleiben Sie Ihrer Firma noch lange erhalten. Unternehmer von Ihrem Format gibt es nicht sehr oft. Darum gehen Sie bitte sorgsam mit sich um.
Ich hoffe, wir werden uns bald einmal wiedersehen. Vielleicht sogar schon am ... (Datum). Dann bin ich in ... (Land). Wenn es die Zeit erlaubt, schaue ich gerne bei Ihnen vorbei (werde ich Sie gerne besuchen).
Ich wünsche Ihnen und Ihrer Familie einen schönen Festtag.

Mit den besten Grüßen
Ihr

14.2.1.7 Nous ne l'avons pas oublié: votre 50e anniversaire! Aussi nous vous félicitons sincèrement à cette occasion et vous souhaitons d'autres années aussi actives.
14.2.1.8 Avec l'âge, on devient plus mûr et plus sage. Cependant, nous sommes convaincus que vous conserverez encore la vitalité de votre jeuneusse. C'est un heureux anniversaire que vous souhaitent …
14.2.1.9 A votre 50e anniversaire vous avez déjà accompli une œuvre considérable. Que nous réservez-vous encore? Quoi qu'il arrive, nous vous souhaitons bonheur et succès.

14.2.2 La lettre à l'occasion de l'anniversaire

14.2.2.1 Cher Monsieur …

Permettez-moi, à l'occasion de votre 60e anniversaire, de vous féliciter avec quelques bouteilles de vin. Ai-je bien choisi?
Pour l'avenir je vous souhaite également succès, bonheur et santé. Restez de nombreuses années encore avec votre firme. Ce n'est pas souvent que l'on rencontre des entrepreneurs d'une telle personnalité. Aussi restez en bonne santé.
J'espère que nous aurons bientôt l'occasion de nous rencontrer de nouveau. Peut-être même déjà le … (date). Je suis alors en/ au … (pays). Si votre emploi du temps le permet, je passerai volontiers vous voir. (je vous rendrai volontiers visite).
Néanmoins que ma lettre ne vous empêche pas plus longtemps de fêter votre anniversaire. Je vous souhaite, ainsi qu'à votre famille, un agréable jour de fête.
Je vous prie d'agréer, cher Monsieur …, l'expression de mes sentiments les meilleurs.

14.2.2.2 Sehr geehrter Herr …,

meine herzlichen Glückwünsche zum 50. Geburtstag begleiten Sie in das nächste Jahrzehnt.
Ich hoffe, daß Sie in Zukunft die Entwicklung Ihres Unternehmens mit dem gleichen Erfolg bestimmen werden wie bisher. Doch auch Ihrem Privatleben gelten meine besten Wünsche. Schließlich: was wäre das Leben, wenn wir es nicht mit einer glücklichen Familie teilen könnten.
Lassen Sie es sich gut ergehen an Ihrem Festtag. Ich werde in Gedanken an Ihrer Feier teilnehmen.

Mit freundlichen Grüßen
Ihr

14.3 Hochzeit

14.3.1 Bezug zur Karte/Anzeige

14.3.1.1 Mit großer Freude habe ich die Nachricht über Ihre Hochzeit gelesen.
14.3.1.2 Ich freue mich sehr, daß Sie heiraten werden.
14.3.1.3 Ich freue mich sehr, daß Sie beabsichtigen zu heiraten.
14.3.1.4 Vielen Dank für Ihre Karte zur Heirat. Ich freue mich sehr darüber.
14.3.1.5 Wie ich Ihrer Heiratsanzeige entnehme, werden Sie nun schon bald ein Ehepaar sein. Darüber freue ich mich sehr.

14.3.2 Glückwunschsätze

14.3.2.1 Herzlichen Glückwunsch zur Hochzeit/Vermählung!
14.3.2.2 Ich gratuliere Ihnen herzlich zur Hochzeit.

14.2.2.2   Cher Monsieur …

Que mes vœux les plus sincères à l'occasion de votre 50e anniversaire vous accompagnent durant la prochaine décennie!
J'espère qu'au cours des années à venir, vous conduirez votre entreprise avec le même succès que jusqu'à présent.
Mes meilleurs vœux également dans votre vie privée. En effet, que serait la vie si l'on ne pouvait pas la partager avec une famille heureuse.
Passez une bonne journée à l'occasion de votre anniversaire. Par la pensée, je serai avec vous.
Je vous prie d'agréer, cher Monsieur …, l'expression de mes sentiments les meilleurs.

14.3   Mariage

14.3.1   Réponse au faire-part/Félicitations suite à l'annonce

14.3.1.1   C'est avec une grande joie que j'ai lu l'annonce de votre mariage.
14.3.1.2   Je me réjouis beaucoup que vous vouliez vous marier.
14.3.1.3   Je suis très heureux que vous ayez l'intention de vous marier.
14.3.1.4   Merci beaucoup pour votre faire-part. Je m'en réjouis beaucoup.
14.3.1.5   Si j'en crois votre faire-part, vous serez bientôt jeunes mariés. Je m'en réjouis beaucoup.

14.3.2   Vœux à l'occasion du mariage

14.3.2.1   Mes/nos meilleurs vœux à l'occasion de votre mariage/union.
14.3.2.2   Je vous félicite de tout cœur pour votre mariage.

14.3.2.3   Auch ich möchte nicht versäumen, Ihnen zur Vermählung zu gratulieren.
14.3.2.4   Auch ich möchte mich in die Schar der Gratulanten einreihen.
14.3.2.5   Zur Hochzeit die besten Wünsche, Glück und Gesundheit.
14.3.2.6   Ich wünsche Ihnen von ganzem Herzen, daß die Ehe Ihre Wünsche und Hoffnungen erfüllt.
14.3.2.7   Ich wünsche Ihnen ein beglückendes/glückliches Leben zu zweit.
14.3.2.8   Auf daß Sie nur die guten Zeiten der Ehe erleben werden!
14.3.2.9   Glück, Gesundheit und eine dauerhafte Liebe, das wünsche ich Ihnen von ganzem Herzen.
14.3.2.10 Bewahren Sie sich den Zauber der Liebe. Das wünsche ich Ihnen von Herzen.
14.3.2.11 Was die Liebenden von der Ehe erwarten: Harmonie und Glück. Wenn der Alltag beides auch nicht immer zuläßt, so hoffe ich doch, daß er Ihnen ein Höchstmaß davon beschert.
14.3.2.12 Eine Glücksgarantie gibt es für die Liebe freilich nicht. Doch wenn Mann und Frau Toleranz, Rücksichtnahme und Geduld füreinander aufbringen, dann sind sie ihrem Lebensziel in der Ehe beachtlich nahe. Ich wünsche Ihnen dazu alles erdenklich Gute.
14.3.2.13 Was sich ein Paar vor dem Traualtar verspricht, das muß die Ehe halten. Mag sie Ihr Versprechen bei weitem übertreffen.
14.3.2.14 Die Ehe ist für jedes Paar eine ständige Herausforderung. Ich wünsche Ihnen, daß Sie diese Herausforderung mit Glück bestehen.

14.3.3   Bemerkung zum Geschenk

14.3.3.1   Ich hoffe, Ihnen gefällt, was ich als kleine Überraschung für Ihren Hochzeitstag ausgesucht habe.
14.3.3.2   Gefällt Ihnen mein (kleines) Geschenk?
14.3.3.3   Bestimmt können Sie dieses ... (Geschenk) sehr gut brauchen.
14.3.3.4   Damit Sie wissen, wie sehr ich mich mit Ihnen freue, sende ich Ihnen zur Hochzeit ein ... (Geschenk).

14.3.2.3   Moi non plus, je ne voudrais pas manquer de vous féliciter pour votre union.
14.3.2.4   Moi aussi je voudrais être de ceux qui vous félicitent.
14.3.2.5   Meilleurs vœux, bonheur et santé à l'occasion de votre mariage.
14.3.2.6   J'espère de tout cœur que la vie à deux répondra à vos vœux et à vos désirs.
14.3.2.7   Je vous souhaite une vie à deux pleine de bonheur/heureuse.
14.3.2.8   Que vous ne connaissiez que les bons moments du mariage!
14.3.2.9   Bonheur, santé et un amour durable, c'est ce que je vous souhaite de tout cœur.
14.3.2.10 Sachez vous garder la magie de l'amour. C'est ce que je vous souhaite de tout cœur.
14.3.2.11 Ce que les amoureux attendent du mariage: harmonie et bonheur. Si la vie ne vous les procure pas tous les jours, j'espère toutefois qu'elle vous en apportera le maximum.
14.3.2.12 Bien sûr, l'amour n'est pas une garantie du bonheur. Cependant quand les époux font preuve de tolérance, d'égard et de patience l'un vis-à-vis de l'autre, ils sont très près de leur but dans le mariage. Je vous souhaite en cela tout le bien possible.
14.3.2.13 Les promesses que se fait un couple devant l'autel de l'église doivent être tenues. A vous d'aller au-delà de vos promesses!
14.3.2.14 Pour tous les couples le mariage est un défi permanent. Je souhaite que vous saurez relever ce défi avec succès.

14.3.3   Carte accompagnant le cadeau

14.3.3.1   J'espère que la petite surprise que j'ai choise pour votre mariage vous plaira.
14.3.3.2   Est-ce que mon (petit) cadeau vous plaît?
14.3.3.3   Une fois mariés, vous aurez certainement souvent l'occasion d'utiliser ce ... (cadeau).
14.3.3.4   Afin que vous sachiez combien je me réjouis avec vous, je vous envoie pour votre mariage un ... (cadeau).

14.3.4 Der Brief zur Hochzeit

14.3.4.1 Sehr geehrtes Brautpaar,

ich freue mich mit Ihnen über Ihre Entscheidung für die Ehe. Immerhin weiß ich aus langjähriger Erfahrung, daß die Ehe mehr ist als eine bloße Institution.
Erst wenn Mann und Frau bereit sind, das Leben in guten wie in schlechten Zeiten miteinander zu teilen, erst dann werden sie sich wirklich kennen und lieben lernen.
Ja, und auch das kann ich Ihnen aus meiner Erfahrung versprechen: die Liebe wächst mit den Jahren. Sie wird inniger und verständnisvoller.
Ich wünsche Ihnen aufrichtig, daß Ihre Begeisterung für die Ehe nie enden wird.

Mit freundlichen Grüßen
Ihr

PS: Hoffentlich gefällt Ihnen mein Geschenk.

14.3.4.2 Vielen Dank,
sehr geehrte Frau ...,
sehr geehrter Herr ...,

für Ihre Hochzeitskarte. Ich habe mich sehr darüber gefreut. Ihnen wünsche ich für die Ehe Glück, Vertrauen zueinander sowie Verständnis für die Schwächen des anderen.
Doch ich bin sicher, daß Sie längst gelernt haben, selbst diese kleinen Schwächen des Partners zu lieben. Dann nämlich steht einer harmonischen Ehe nichts mehr im Wege.

Mit den besten Wünschen
Ihr

14.3.4 La lettre à l'occasion du mariage

14.3.4.1 Chers futurs époux,

Je suis très heureux que vous ayez décidé de vous marier. Plusieurs années d'expérience m'ont toutefois appris que le mariage est plus qu'une simple institution.
Ce n'est que lorsque mari et femme sont prêts à vivre ensemble les bons et les mauvais moments qu'ils apprennent à se connaitre et à s'aimer vraiment.
Et croyez-en mon expérience, cela encore je peux vous le promettre: l'amour croît avec les années. Il devient plus profond et plus compréhensif.
J'espère vraiment que votre enthousiasme pour le mariage ne connaîtra point de fin.

Recevez, chers futurs époux, mes plus sincères amitiés.

P.S. J'espère que mon cadeau vous plaît.

14.3.4.2 Chère Madame …
Cher Monsieur …

Merci beaucoup pour votre faire-part. Il m'a fait très plaisir.
A votre couple, je souhaite bonheur, une confiance réciproque sans limite, ainsi que compréhension à l'égard des faiblesses de l'autre.
Mais je suis sûr qu'il y a longtemps que vous avez appris à aimer même les petites faiblesses de votre partenaire. Il n'y a alors plus rien qui puisse compromettre un mariage harmonieux.

Tous mes vœux et sincères salutations.

14.4 Geburt

14.4.1 Bezug zur Anzeige/Karte

14.4.1.1 Ich habe mich sehr über die Nachricht zur Geburt Ihrer Tochter/Ihres Sohnes gefreut.
14.4.1.2 Wie ich in der Zeitung gelesen habe, sind Sie Vater/Mutter geworden.
14.4.1.3 Wie ich erfahren habe, sind Sie und Ihre Frau stolze Eltern einer Tochter/eines Sohnes geworden.
14.4.1.4 Vielen Dank für Ihre Karte. Ich freue mich mit Ihnen über die glückliche Geburt Ihres Kindes.
14.4.1.5 Mit Freude habe ich die Geburtsanzeige gelesen.

14.4.2 Glückwunschsätze

14.4.2.1 Zur Geburt Ihrer Tochter/Ihres Sohnes gratuliere ich Ihnen herzlich!
14.4.2.2 Die herzlichsten Glückwünsche zur Geburt Ihrer Tochter/Ihres Sohnes!
14.4.2.3 Meine herzlichen Glückwünsche zum Familienzuwachs!
14.4.2.4 Meine besten Wünsche begleiten Ihr Kind auf seinem Lebensweg.
14.4.2.5 Ich wünsche Ihrer Tochter/Ihrem Sohn von Herzen Glück und Gesundheit.
14.4.2.6 Ich freue mich mit Ihnen über die Geburt Ihres Kindes.
14.4.2.7 Auf daß Ihr Töchterchen/Ihr Söhnchen sich auf unserer Erde wohlfühlt!
14.4.2.8 Mag Gottes Segen stets den Lebensweg Ihres Stammhalters begleiten.

14.4.3 Wunsch für die Mutter

14.4.3.1 Ich hoffe, Ihre Frau hat die Geburt gut überstanden.

14.4 Félicitations à l'occasion d'une naissance

14.4.1 Félicitations à la suite de l'annonce/ Réponse au faire-part

14.4.1.1 J'ai été très heureux d'apprendre la naissance de votre fille/fils.
14.4.1.2 Comme je l'ai lu dans le journal, vous voilà père/mère.
14.4.1.3 Comme je l'ai appris, vous êtes maintenant avec votre épouse les fiers parents d'une fille/d'un garçon.
14.4.1.4 Merci beaucoup pour votre faire-part. Je me réjouis avec vous de l'heureuse naissance de votre enfant.
14.4.1.5 C'est avec joie que j'ai lu votre faire-part.

14.4.2 Vœux

14.4.2.1 Toutes mes félicitations à l'occasion de la naissance de votre fille/fils!
14.4.2.2 Mes meilleurs vœux de bonheur à l'occasion de la naissance de votre fille/fils!
14.4.2.3 La famille s'est agrandie! Mes meilleurs vœux de bonheur.
14.4.2.4 Que mes meilleurs vœux accompagnent votre enfant tout au long de sa vie!
14.4.2.5 Je souhaite de tout cœur bonheur et santé à votre fille/fils.
14.4.2.6 Je me réjouis avec vous de la naissance de votre enfant.
14.4.2.7 Que votre fille/fils se plaise sur notre terre!
14.4.2.8 Que la grâce de Dieu accompagne votre héritier tout au long de sa vie!

14.4.3 Vœux pour la mère

14.4.3.1 J'espère que votre épouse a bien supporté la naissance.

14.4.3.2 Hoffentlich hatte Ihre Frau eine leichte Geburt.

14.4.3.3 Wie geht es Ihrer Frau? Ich hoffe gut!

14.4.3.4 Bestimmt ist die junge Mutter jetzt überglücklich. Ein entzükkendes Baby läßt doch die Schmerzen schnell vergessen.

14.4.3.5 Grüßen Sie Ihre Frau! Ich wünsche ihr, daß sie recht bald das Krankenhaus verlassen darf.

14.4.3.6 Übermitteln Sie bitte auch Ihrer Frau meine besten Glückwünsche zur Geburt der/s kleinen ... (Name).

14.4.4 Bemerkung zum Geschenk

14.4.4.1 Was kann man dem kleinen Erdenbürger schenken? Da die Bedürfnisse des Kindes nur die Mutter stillen kann, habe ich mich für einen Strampelanzug als Geschenk entschieden. An Babykleidung kann man ja nie genug haben. Gefällt er Ihnen?

14.4.4.2 Was Eltern gleich nach der Geburt des Babys dringend brauchen: Strampler. Wie gefällt Ihnen dieser?

14.4.4.3 Vielleicht macht das kleine Geschenk Ihrem Töchterchen/Söhnchen schon in einigen Monaten Spaß.

14.4.4.4 Vielleicht macht es der/dem kleinen ... (Name) schon bald Spaß, mit diesem ... (Geschenk) zu spielen.

14.4.4.5 Ich begrüße den kleinen Erdenbürger ganz herzlich mit ... (Geschenk).

14.4.4.6 Zur Erinnerung an einen guten Freund der Familie überreiche/sende ich Ihnen zur Geburt Ihres Kindes ... (Geschenk).

14.4.4.7 Ein Blumenstrauß für die Mutter, ein Stofftier für das Baby, verbunden mit all meinen guten Wünschen – das mag meine Freude über Ihren Nachwuchs ausdrücken/übermitteln.

14.4.3.2   J'espère que la naissance n'a pas été trop pénible pour votre épouse.
14.4.3.3   J'espère que votre épouse va bien.
14.4.3.4   Certainement que la jeune maman est maintenant radieuse de bonheur. Un bébé ravissant fait bien sûr vite oublier les douleurs.
14.4.3.5   Mes salutations à votre épouse. J'espère qu'elle pourra bientôt quitter la clinique.
14.4.3.6   Transmettez également s'il vous plaît à votre épouse mes meilleurs vœux pour la naissance du/de la petit/e ... (nom).

14.4.4   Mot d'accompagnement au cadeau

14.4.4.1   Que peut-on offrir à un petit être? Comme de toute façon, seule la mère peut satisfaire les besoins réels de l'enfant, j'ai pensé offrir une grenouillère. On n'a jamais trop de vêtements pour bébé. Vous plaît-elle?
14.4.4.2   Juste après la naissance, ce dont les parents ont le plus besoin, c'est de grenouillères. Celle-ci vous plaît-elle?
14.4.4.3   Peut-être que dans quelque mois déjà, ce petit cadeau fera plaisir à votre petite fille/petit garçon.
14.4.4.4   Peut-être que bientôt déjà, cela fera plaisir au/à la petit/e ... (nom) de jouer avec ce ... (cadeau).
14.4.4.5   Avec ... (cadeau) je souhaite de tout mon cœur la bienvenue à ce petit être.
14.4.4.6   En souvenir d'un proche ami de la famille, je vous fais parvenir/envoie à l'occasion de la naissance de votre enfant ... (cadeau).
14.4.4.7   Mes meilleurs vœux auxquels je joins un bouquet pour la maman et un animal en peluche pour le bébé. Qu'ils expriment/transmettent ma joie à l'occasion de la naissance de votre enfant!

14.4.5 Der Brief zur Geburt

14.4.5.1 Sehr geehrter Herr ...,

zur Geburt Ihres Sohnes/Ihrer Tochter gratuliere ich Ihnen ganz herzlich!
Das Beglückendste, was es gibt auf der Welt, sind doch die Kinder. Dagegen kommt wohl nicht einmal der berufliche Erfolg an. Zu erleben, wie sie aufwachsen – da nimmt das Glück zwischen Mann und Frau Gestalt an.
Ich hoffe, Sie werden viel Freude an Ihrem Nachwuchs haben!
Bitte grüßen Sie Ihre liebe Frau recht herzlich von mir.
Mit den besten wünschen für Sie, Ihre Frau und vor allem für Ihre Tochter/Ihren Sohn
Ihr

14.4.5.2 Meine herzlichsten Glückwünsche zur Geburt Ihres Kindes!

Sehr geehrte Frau ...,
sehr geehrter Herr ...,

über Ihre Karte habe ich mich sehr gefreut. Besonders gefallen hat mir der Name, den Sie für Ihr Kind ausgewählt haben. Er ist sehr selten und schön. Ich lobe Ihren Geschmack.
Daß Ihre/Ihr ... (Name) ein so interessanter Mensch wird, wie der Name verspricht, dafür bürgt wohl schon das Elternhaus.
Ich wünsche Ihrer Tochter/Ihrem Sohn eine glückliche Zukunft, in der möglichst viele Hoffnungen in Erfüllung gehen. Doch zunächst möchte ... (Name) bestimmt nicht an die Zukunft denken, sondern nur zwischen dem Schlafen ein wenig spielen. Vielleicht gefällt ihr/ihm mein Geschenk.

Mit den besten Grüßen
Ihr

14.4.5   La lettre à l'occasion de la naissance

14.4.5.1   Cher Monsieur …

> Toutes mes félicitations à l'occasion de la naissance de votre fils/fille.
> Ce qui nous rend le plus heureux sur cette terre, ce sont bien les enfants. Même la réussite professionnelle ne soutient pas la comparaison. Les voir grandir – le bonheur du couple s'épanouit.
> J'espère que votre héritier vous procurera beaucoup de joie.
> Transmettez s'il vous plaît mes cordiales salutations à votre charmante épouse.
> Je vous prie d'agréer, cher Monsieur …, avec mes vœux les meilleurs pour vous, votre épouse et avant tout votre fille/fils, l'expression de mes sentiments dévoués.

14.4.5.2   Chère Madame …
Cher Monsieur …

> Tous mes vœux de bonheur à l'occasion de la naissance de votre enfant! J'ai été très heureux de recevoir votre faire-part. Le nom que vous avez choisi pour votre enfant m'a particulièrement plu. C'est un nom très rare, néanmoins magnifique. Vous avez bon goût.
> Que votre … (nom) soit à la hauteur du nom qu'il porte, cela est déjà garanti par l'agréable ambiance familiale qui règne chez vous.
> Je souhaite à votre fille/fils un avenir heureux; que la plupart de ses désirs soient réalisés. Néanmoins … (nom) ne veut certainement pas penser tout de suite à l'avenir, mais s'amuser un peu entre deux sommes. Peut-être mon présent lui plaira-t-il.
>
> Recevez, chère Madame …/cher Monsieur …, mes sincères amitiés.

14.5 Weihnachten und Neujahr

14.5.1 Glückwunschsätze

14.5.1.1 Wir wünschen Ihnen ein fröhliches Weihnachtsfest und ein glückliches neues Jahr.
14.5.1.2 Ihnen und Ihrer Familie frohe Weihnachten und ein erfolgreiches 19..
14.5.1.3 Von ganzem Herzen wünsche ich Ihnen gesegnete Weihnachten und für das neue Jahr Glück, Erfolg und Gesundheit.
14.5.1.4 Ich wünsche Ihnen ein erholsames Weihnachtsfest im Kreis Ihrer Familie und zum neuen Jahr Glück und Gesundheit.
14.5.1.5 Alles Gute für die Weihnachtstage. Und kommen Sie glücklich ins neue Jahr.

14.5.2 Dank für die gute Zusammenarbeit

14.5.2.1 Den Jahreswechsel möchte ich zum Anlaß nehmen, um Ihnen mit einem kleinen Geschenk für die gute Zusammenarbeit zu danken.
14.5.2.2 Damit 19.. so erfolgreich wird wie das ausklingende Jahr, sollten wir auf unsere Geschäftsbeziehung trinken. Ich habe Ihnen ein Fläschchen ... mitgeschickt und werde Ihnen zuprosten.
14.5.2.3 Für Ihre Einsatzbereitschaft danke ich Ihnen mit ...
14.5.2.4 Damit Sie für das neue Jahr unsere Termine gut festhalten können, ... Ich hoffe, Sie mögen Kunstkalender.

14.5 Noël et Nouvel An

14.5.1 Vœux

14.5.1.1 Nous vous souhaitons un joyeux Noël et une heureuse nouvelle année.
14.5.1.2 A vous et à votre famille, joyeux Noël et une année 19.. pleine de succès!
14.5.1.3 De tout mon cœur je vous souhaite un Noël heureux et pour la nouvelle année, bonheur, succès et santé.
14.5.1.4 Je vous souhaite de passer les fêtes de Noël dans la détente au sein de votre famille, ainsi que bonheur et santé pour la nouvelle année.
14.5.1.5 Bonnes fêtes de Noël. Que la nouvelle année commence bien pour vous!

14.5.2 Comment remercier en cas de bonne collaboration

14.5.2.1 Je voudrais profiter du nouvel an pour vous remercier, avec un petit présent, de votre collaboration.

14.5.2.2 Afin que 19.. soit aussi fructueuse que l'année qui se termine, nous devrions boire au succès de nos relations d'affaires. Je vous ai envoyé une petite bouteille de … et d'ici, je boirai à votre santé, vous qui êtes en Angleterre.
14.5.2.3 Je vous remercie de votre collaboration avec …
14.5.2.4 Afin que vous puissiez tenir vos engagements au cours de la nouvelle année … J'espère que vous aimez les calendriers avec reproductions artistiques.

14.5.3 Der Brief zu Weihnachten und Neujahr

14.5.3.1 Sehr geehrter Herr ...,

Ihnen und Ihrer Familie wünsche ich ein segensreiches Weihnachtsfest und ein glückliches und erfolgreiches 19..
Bitte entschuldigen Sie mich bei Ihrer Frau mit dieser Aufmerksamkeit, wenn ich Sie durch zu viel Arbeit mit unserem Unternehmen bisweilen von Ihrer Familie ferngehalten habe.

Mit den besten Wünschen
Ihr

14.5.3.2 Sehr geehrter Herr ...,

ich wünsche Ihnen und Ihrer Familie von Herzen ein frohes Christfest und ein glückliches neues Jahr bei bester Gesundheit.
Den Jahreswechsel möchte ich zum Anlaß nehmen, um mich bei Ihnen und Ihrer Frau für die Gastfreundschaft zu bedanken, die Sie mir so oft während des Jahres gewährt haben. Ich habe mich immer sehr wohl bei Ihnen gefühlt.
Als kleines Dankeschön sende ich Ihnen dieses ... (Geschenk).

Mit den besten Grüßen
Ihr

14.5.3 La carte de Noël et du Nouvel An

14.5.3.1 Cher Monsieur ...

Je vous souhaite ainsi qu'à votre famille un joyeux Noël et une année 19.. pleine de bonheur et de succès.
Avec ce petit cadeau je vous prie de bien vouloir m'excuser auprès de votre épouse si, en raison des heures supplémentaires faites à cause de nous, vous ne pouviez pas être plus souvent avec votre famille.

Je vous prie d'agréer, cher Monsieur ..., l'expression de mes sentiments les meilleurs.

14.5.3.2 Cher Monsieur ...

De tout cœur je vous souhaite ainsi qu'à votre famille un joyeux Noël, une bonne année et une bonne santé.
Je voudrais profiter du Nouvel An pour vous remercier ainsi que votre épouse de l'hospitalité que vous m'avez si souvent accordée au cours de l'année. C'est avec plaisir que je me retrouvais chez vous.
En remerciement je vous envoie ce ... (cadeau).
Je vous prie d'agréer, cher Monsieur ..., l'expression de mes sentiments les meilleurs.

14.6 Kondolenz

14.6.1 Beileidsbekundungen

14.6.1.1 Unser aufrichtiges Beileid!
14.6.1.2 Die Nachricht über den Tod Ihres Mitarbeiters hat uns tief betroffen gemacht.
14.6.1.3 Wir trauern um einen liebenswerten Menschen.
14.6.1.4 Wir trauern um einen Freund.
14.6.1.5 Wir sind über den Tod Ihres Mannes sehr traurig.
14.6.1.6 Wir sind erschrocken, als wir vom plötzlichen Tod Ihres Mitarbeiters erfahren haben.
14.6.1.7 Seien Sie unserer aufrichtigen Anteilnahme versichert.
14.6.1.8 Wir bedauern den Tod Ihres Mitarbeiters.

14.6.2 Worte der Würdigung

14.6.2.1 Wir haben Ihren Mitarbeiter stets geschätzt.
14.6.2.2 Es war immer erfreulich, mit Ihrem Mann zusammenzuarbeiten.
14.6.2.3 Ihr Mann war uns allen ein Vorbild.
14.6.2.4 Wir werden das Lebenswerk Ihres Mannes in bester Erinnerung halten.
14.6.2.5 Herr ... war eine überragende Persönlichkeit. Wir werden ihn sehr vermissen.
14.6.2.6 Herr ... wird uns fehlen.
14.6.2.7 Herr ... war nicht nur ein guter Mitarbeiter Ihres Unternehmens. Er hat es auch verstanden, viele Brücken zwischen Ihrem und unserem Land zu schlagen.
14.6.2.8 Wir verdanken Herrn ... viel.

14.6 Condoléances

14.6.1 Présentation des condoléances

14.6.1.1 Nos sincères condoléances.
14.6.1.2 La nouvelle de la mort de votre collaborateur nous a profondément touchés.
14.6.1.3 Nous regrettons un être cher.
14.6.1.4 Nous regrettons un ami.
14.6.1.5 Le décès de votre mari nous attriste beaucoup.
14.6.1.6 Nous avons été bouleversés lorsque nous avons appris la mort soudaine de votre collaborateur.
14.6.1.7 Soyez assuré de nos sincères sentiments affligés.
41.6.1.8 Nous regrettons la mort de votre collaborateur.

14.6.2 Mots d'estime

14.6.2.1 Nous avons toujours apprécié votre collaborateur.
14.6.2.2 Travailler avec votre mari a toujours été agréable.

14.6.2.3 Votre mari a été un exemple pour nous tous.
14.6.2.4 Nous garderons le meilleur souvenir de l'œuvre de votre mari.

14.6.2.5 Monsieur ... était une personnalité de premier plan. Nous le regretterons beaucoup.
14.6.2.6 Monsieur ... nous manquera.
14.6.2.7 Monsieur ... n'était pas seulement un collaborateur apprécié dans votre entreprise. Il a également su établir de nombreux liens entre votre pays et le nôtre.
14.6.2.8 Nous devons beaucoup à Monsieur ...

14.6.3 Kondolenzbrief

14.6.3.1 Sehr geehrte Damen und Herren,

wir trauern nicht nur um einen Geschäftspartner. Wir trauern um einen Freund.
Als wir mit Ihrem Unternehmen im Jahre 19.. die Geschäftsbeziehungen aufgenommen hatten, wußten wir nicht, wie belebend sie tatsächlich für beide Firmen werden sollten.
Bald wurde Herr ... unser ständiger Gesprächspartner. Er verstand es nicht nur, auf unsere Wünche einzugehen. Herr ... verlieh unseren Geschäften sehr wesentliche Impulse.
Aber aus der Zusammenarbeit wurde mehr. Sie entwickelte sich kontinuierlich zu einer dauerhaften Partnerschaft zwischen zwei Unternehmen und einer Freundschaft unter den Mitarbeitern.
Wir werden Herrn ... nie vergessen!

In tiefer Trauer
Ihre

14.6.3.2 Unser aufrichtiges Beileid zum Tode Ihres Mitarbeiters!

Sehr geehrte Damen und Herren,

Herr ... wird auch uns fehlen. Wir haben ihn in all den Jahren guter Zusammenarbeit sehr geschätzt.
Es war Herr ..., durch den wir vor ... Jahren die ersten Kontakte mit der ... GmbH knüpften. In dieser Zeit sollte eine erfolgreiche Verbindung entstehen, die bis zum heutigen Tag für alle Seiten von großem Vorteil ist. Herr ... hat maßgeblichen Verdienst an dieser Kooperation.
Ich denke, es wird ganz im Sinne von Herrn ... sein, wenn wir das, was ihm ein Anliegen war, fortführen. So wird in unserer Zusammenarbeit sein Lebenswerk bewahrt.
In Dankbarkeit
Ihr

14.6.3 La réponse à l'annonce du décès

14.6.3.1 Mesdames, Messieurs,

Nous regrettons non seulement un partenaire commercial mais aussi un ami.
Lorsqu'en 19.. nous nous sommes engagés dans des relations d'affaires avec votre entreprise, nous ne savions pas à quel point ces relations se développeraient entre les deux firmes.
Rapidement Monsieur ... est devenu notre interlocuteur attitré. Il a su non seulement répondre à nos désirs, mais il a également donné une grande impulsion à nos affaires.
Mais cette collaboration a donné naissance à quelque chose de plus. Elle s'est continuellement transformée en un lien durable entre deux entreprises et en une amitié entre leurs employés.
Monsieur ... restera toujours dans notre mémoire.

Nous vous prions de recevoir, Mesdames, Messieurs, nos sincères condoléances.

14.6.3.2 Mesdames, Messieurs,

Recevez nos sincères condoléances après le décès de votre collaborateur. Monsieur ... nous manquera également. Nous l'avons beaucoup apprécié tout au long des années durant lesquelles nous avons travaillé ensemble.
Ce fut avec Monsieur ..., il y a ... ans, que nous avons eu nos premiers contacts au sein de la SARL ... Au cours de ces années, des rapports fructueux se sont établis qui aujourd'hui encore sont profitables à nous tous. Monsieur ... a largement contribué à cette coopération.
Nous pensons tout à fait respecter les idées de Monsieur ... en continuant cette coopération qui était pour lui d'un grand intérêt. Aussi continuerons-nous son œuvre.
Avec toute notre reconnaissance, nous vous prions d'agréer, Mesdames, Messieurs, l'expression de nos sentiments les meilleurs.

14.6.3.3   Sehr geehrte Frau ...,

wir nehmen Abschied von einem aufrichtigen Menschen. Der Schmerz, den der Tod den Lebenden bereitet, ist zunächst auch nicht mit Erinnerungen zu stillen.
Dennoch sind diese Erinnerungen eine Art irdischer Ewigkeit. Was Ihr Mann geschaffen hat und welche Wirkung er in seinen Mitmenschen hinterlassen hat, das lebt auch nach seinem Tod fort.
Wir danken Ihrem Mann, daß wir ihn ein kurzes Stück seines Weges begleiten durften.

In enger Verbundenheit
Ihr

14.6.3.4   Sehr geehrte Frau ...,

die Nachricht vom Tod Ihres Mannes hat uns erschreckt. Noch bei unserem letzten Treffen war er so guter Dinge. Mit seiner Vitalität und seiner Lebensfreude hat er auch uns manches Arbeitsgespräch erleichtert.
Und nun bleiben nur noch die Erinnerungen an einen außergewöhnlichen Menschen. Die jedoch werden wir in unserem Herzen bewahren.
Wir danken Herrn ... für die Zeit, die wir mit ihm zusammenarbeiten durften!

Mit aufrichtiger Anteilnahme
Ihr

14.6.3.3   Chère Madame ...

Nous quittons un être sincère. La douleur que la mort réserve à ceux qui restent ne s'apaise pas non plus avec les souvenirs. Cependant ces souvenirs sont une sorte d'éternité terrestre. Ce que votre mari a fait et l'impression qu'il laisse à ceux qui l'ont connu vivront encore après sa mort.
Nous remercions votre mari d'avoir pu être à ses côtés durant une période de sa vie.

Nous vous prions de croire, chère Madame ..., à notre amitié la plus sincère.

14.6.3.4   Chère Madame ...

La nouvelle de la mort de votre mari nous a bouleversés. Lors de notre dernière rencontre il était encore si gai. Avec sa vitalité et sa joie de vivre il a également facilité certaines négociations.
Où qu'il fût, il reste maintenant le souvenir d'un être exceptionnel. Et nous garderons ce souvenir profondément ancré dans nos cœurs.
Nous remercions Monsieur ... pour les années durant lesquelles nous avons pu travailler avec lui.

Nous vous prions de croire, chère Madame ..., à nos sincères sentiments affligés.

15. Informationen

15. Information

15.1 Sonderaktionen

15.1.1 Jubiläumspreis

Am ... besteht unser Unternehmen seit ... Jahren. Dies ist ein Anlaß, nicht nur auf die eigenen Leistungen stolz zu sein, sondern besonders Ihnen, unseren Kunden, für Ihre Treue zu danken.

15.1.2 Sonderpreise wegen Umbaus

Die große Nachfrage nach unseren ... läßt unsere Produktion aus allen Nähten platzen. Damit wir Sie, unsere Kunden, weiter pünktlich und präzise beliefern können, müssen wir die Produktionshalle beträchtlich erweitern.
Das bringt uns zwar im Arbeitsablauf erhebliche Umstellungen, aber Ihnen jetzt große Vorteile: Um Platz zu schaffen, bieten wir jetzt die ... (Artikelbezeichnung) zum Renovierungspreis! Ab sofort bis zum ... (Datum) erhalten Sie alle ... (Artikelbezeichnung) mit ... Prozent Rabatt.

15.1.3 Umstellung des Sortimentes

In den nächsten Wochen werden wir unser Sortiment/unser Lieferprogramm/unsere Produktpalette straffen, um Ihnen, unseren Kunden, ein übersichtlicheres, klareres Angebot unterbreiten zu können.
Deshalb können wir Ihnen heute unser aktuelles Umstellungsangebot unterbreiten: Ab sofort bis zum ... (Datum) erhalten Sie alle ... (Artikelbezeichnung) mit ... Prozent Rabatt.

15.1 Offre spéciale

15.1.1 Prix d'anniversaire

Le ..., notre entreprise fête ses ... ans. C'est l'occasion pour nous, non seulement de regarder avec fierté ce que nous avons accompli, mais aussi de remercier surtout nos fidèles clients.

15.1.2 Offres exceptionnelles pour cause de travaux

Nos équipements ne suffisent plus pour répondre à la demande énorme en ce qui concerne nos ... Afin de pouvoir continuer à bien vous livrer et dans les délais, nous sommes obligés d'agrandir considérablement notre atelier de production.
Certes, cela entraîne de grands changements dans l'organisation de notre travail, mais vous permet de profiter de gros avantages: Pour gagner de la place, nous vous proposons maintenant les ... (désignation de l'article) à un prix exceptionnel! A partir de maintenant, et cela jusqu'au ... (date), nous vous cédons tous nos ... (désignation de l'article) avec ... pour cent de rabais.

15.1.3 Changement dans la gamme de produits

Au cours des prochaines semaines, nous allons concentrer notre assortiment/notre offre/notre gamme de produits afin de pouvoir vous soumettre une offre plus nette et plus claire.
Pour cette raison, nous pouvons aujourd'hui vous soumettre notre offre exceptionnelle: A partir de maintenant, et cela jusqu'au ... (date), nous vous proposons tous nos ... (désignation de l'article) avec ... pour cent de rabais.

15.2 Preissenkung

15.2.1 Günstige Einkaufsmöglichkeiten

Durch günstige neue Einkaufsmöglichkeiten sind wir in der Lage, wesentlich günstiger zu produzieren als bisher. Diesen Preisvorteil geben wir an unsere Kunden weiter. Wir bieten Ihnen ab ... (Datum) alle unsere ... (Artikelbezeichnung) mit ... Nachlaß an.

15.2.2 Rationellere Produktion

Zum Vorteil unserer Kunden konnten wir jetzt die Produktion nochmals erheblich rationalisieren – neue, modernere Maschinen und eine straffere Organisation machten dies möglich.
Diese Vorteile möchten wir nun an Sie weitergeben. Sehen Sie bitte in die beiliegende neue Preisliste, und überzeugen Sie sich von den erstaunlich günstigen Preisen auf alle ... (Artikelbezeichnung). Selbstverständlich sichern wir Ihnen weiter die hohe Qualität unserer Produkte und die gewissenhafte Bearbeitung Ihrer Aufträge zu.
Wir würden uns freuen, wenn wir schon bald wieder für Sie tätig sein dürften.

15.3 Preiserhöhung

15.3.1 Ankündigung

15.3.1.1 Seit ... Jahren können wir unseren Preis für ... (Artikelbezeichnung) halten. Dies war vor allem durch scharfe Kalkula-

15.2 Baisse des prix

15.2.1 Conditions d'achat avantageuses

Grâce à de nouvelles conditions d'achat avantageuses, nous sommes en mesure de produire à un coût nettement inférieur à celui enregistré jusqu'à présent. Nous répercutons cet avantage sur les prix proposés à nos clients. A partir du ... (date), nous vous proposons tous nos ... (désignation des articles) avec une remise de ... pour cent.

15.2.2 Production plus rationnelle

Nous avons pu de nouveau rationaliser très nettement notre production au profit de nos clients. Cela a été possible grâce à de nouvelles machines plus modernes et une organisation plus efficace.
Nous aimerions vous faire profiter de ces avantages. Veuillez consulter, s'il vous plaît, notre nouvelle liste de prix ci-jointe et laissez-vous convaincre par nos prix étonnamment avantageux sur tous les ... (désignation des articles). Bien évidemment nous vous garantissons toujours une très bonne qualité sur l'ensemble de nos produits, ainsi que tout le soin nécessaire à l'exécution de vos commandes.
Nous serions heureux de pouvoir bientôt exécuter pour vous de nouvelles commandes.

15.3 Augmentation de prix

15.3.1 Annonce

15.3.1.1 Depuis ... ans, les prix de nos ... (désignation de l'article) n'ont pas changé. Cela a été possible grâce à un contrôle

tion und Kontakte zu unseren Lieferanten möglich. Nun aber läßt es sich nicht vermeiden, die Preise geringfügig anzuheben. Am ... (Datum) werden wir Sie über die neuen Konditionen informieren.

15.3.1.2 Seit ... beliefern wir Sie zu unverändert günstigen Preisen. Sicher haben Sie auch gehört, daß größere Preiserhöhungen auf dem Rohstoffmarkt bevorstehen, die befürchten lassen, daß wir dann unsere Preise nicht mehr halten können. Schon jetzt macht sich eine deutliche Unruhe am Preismarkt bemerkbar.

Wir empfehlen Ihnen als unserem langjährigen Kunden, schon jetzt entsprechende Vorkehrungen zu treffen.

15.3.2 Erhöhung mitteilen

15.3.2.1 Schon am ... (Datum) haben wir Sie über die bevorstehende Preiserhöhung informiert. Mit diesem Brief erhalten Sie die neuen Preislisten, gültig ab ... (Datum).

15.3.2.2 Qualität hatte schon immer ihren Preis. In der ganzen Branche ist der Trend zu höherer Qualität deutlich zu erkennen. Die Zeit der Billigangebote ist glücklicherweise vorbei, denn im Regelfall führten sie zu Reklamationen, Zeitverlust und größerem Ärger.

Wir sind dem Bedürfnis unserer Kunden nachgekommen und haben eine Reihe wichtiger Bauteile gegen sehr hochwertige Produkte ausgetauscht. Diese Verbesserung führt zwangsläufig zu geringfügig höheren Preisen, die Sie bitte der beiliegenden Preisliste entnehmen. Sie gilt ab ... (Datum).

15.3.2.3 Sie erwarten von uns zu Recht gleichbleibend gute Qualität unserer Produkte. Dies können wir nur durch unsere guten Kontakte zu verläßlichen Vorlieferanten erreichen.

Einer unserer Zulieferer, auf den wir unter keinen Umständen verzichten können, hat nun seine Preise erhöht. Wir haben keine andere Möglichkeit, als diese Erhöhung auch in unserer

sévère des coûts et aux bonnes relations que nous entretenons avec nos fournisseurs. Malheureusement nous sommes maintenant obligés d'ajuster nos prix. Nous vous informerons le … (date) de nos nouvelles conditions.

15.3.1.2 Nous vous livrons à des prix avantageux qui n'ont pas changé depuis …
Vous aussi, vous avez certainement entendu dire que l'on prévoit de fortes augmentations de prix sur les matières premières. Aussi nous craignons ne plus pouvoir maintenir nos prix. Actuellement le marché connaît déjà de fortes tensions.
Etant donné que vous êtes un client de longue date, nous vous recommandons de prendre déjà des mesures appropriées.

15.3.2 Annonce de l'augmentation

15.3.2.1 Le … (date), nous vous informions d'une augmentation de prix imminente. Ci-joint, vous trouverez notre nouveau tarif, valable à partir du … (date).

15.3.2.2 La qualité se paie, il en a toujours été ainsi. Dans notre branche, la tendance vers une meilleure qualité se fait nettement sentir. L'époque des marchandises bon marché est heureusement révolue, car, en général, celles-ci entraînaient des réclamations, de grosses difficultés et une perte de temps considérable.
Nous nous sommes pliés aux exigences de nos clients et avons remplacé toute une série d'éléments de construction importants par des produits de haut de gamme. Ces améliorations entraînent naturellement de faibles augmentations de prix que vous trouverez dans le tarif ci-joint. Celui-ci est valable à partir du … (date).

15.3.2.3 Vous avez raison d'attendre de nos produits une qualité constante. Nous la devons aux bonnes relations que nous entretenons avec des fournisseurs sérieux.
L'un de nos fournisseurs, auquel nous ne pouvons absolument pas renoncer, a augmenté ses prix dernièrement. Nous sommes bien sûr contraints de répercuter cette hausse sur nos

Preisgestaltung zu berücksichtigen. Die neue Preisliste haben wir Ihnen beigelegt. Beachten Sie bitte, daß wir alle Artikel, die von der Erhöhung unseres Lieferanten nicht betroffen sind, weiter unverändert günstig anbieten.

15.4 Verkaufs- und Lieferbedingungen

15.4.1 Angebotstermin

Unser Angebot vom ... (Datum) war bis zum ... (Datum) gültig. Durch günstige Einkaufsmöglichkeiten bei gleicher Qualität sind wir nun in der Lage, Ihnen unsere ... (Artikelbezeichnung) weiter zum attraktiven Preis anbieten zu können. Wir würden uns freuen, wenn Sie dieses Angebot nutzten.

15.4.2 Mengenstaffel

Durch günstigere Einkaufsmöglichkeiten und günstigere Frachtraten für Großpartien können wir Ihnen ab sofort neue Konditionen bei Lieferung frei Haus anbieten:

15.4.3 Versandart

Wir stellen die Versandart ab ... (Datum) auf einen für Sie günstigeren Transport um. Unsere neue Kondition: Bestellungen bis zu ... (Mengenangabe) werden per Bahn/Post/Paketdienst/... unfrei zugestellt.

prix. Ci-joint, vous trouverez notre nouveau tarif. Nous vous prions de bien vouloir noter que les prix de tous les articles qui ne sont pas concernés par l'augmentation de notre fournisseur, restent inchangés et avantageux.

15.4 Conditions de vente et de livraison

15.4.1 Durée de la validité de l'offre

Notre offre du ... (date) était valable jusqu'au ... (date). Grâce à des conditions d'achat avantageuses, nous pouvons prolonger notre offre et vous proposer nos ... (désignation de l'article) dans la même qualité et au même prix. Nous serions heureux de vous en faire profiter.

15.4.2 Tarif

Grâce à des conditions d'achat plus avantageuses et à un fret moind cher pour le transport en grande quantité, nous sommes en mesure de vous offrir dès maintenant de nouvelles conditions pour des livraisons effectuées franco domicile.

15.4.3 Mode d'expédition

A partir du ... (date), nous changeons notre mode d'expédition et choisissons pour vous un moyen de transport plus avantageux. Nos nouvelles conditions sont les suivantes: les commandes allant jusqu'à ... (quantité) seront envoyées en port dû par chemin de fer/par la poste/par camion.

15.4.4 Allgemein

Unsere Verkaufs- und Lieferbedingungen ändern sich mit Wirkung vom ... (Datum) wie folgt:
Statt bisher: ...
Gilt die neue Bedingung: ...
Wir glauben, daß wir damit den Wünschen unserer Kunden entgegenkommen und auch in Zukunft zu wettbewerbsfähigen Konditionen liefern können.

15.5 Neue Mitarbeiter vorstellen

15.5.1

Unser Kundenkreis ist in den letzten Monaten erheblich größer geworden. Den Grund dafür kennen Sie: Günstige Preise, schnelle Auftragsbearbeitung und gewissenhafter Service sind die Hauptpfeiler unseres Erfolges.
Damit Sie auch in Zukunft schnell und korrekt bedient werden, wird Sie ab ... (Datum) Herr ... in allen Fragen der ... betreuen. Herr ... ist ... Jahre alt, gelernter ... und kennt durch seine Tätigkeit in verschiedenen Unternehmen unsere Branche bis ins Detail. Wir sind sicher, daß Sie von dieser personellen Änderung sehr profitieren werden.

15.5.2

Die große Nachfrage nach unseren ... (Artikelbezeichnung) und das Interesse, mit dem unsere Kunden die verbesserte Beratung und Betreuung nutzen, freut uns sehr. Damit auch in Zukunft ein reibungsloser Ablauf gewährleistet ist, haben wir unsere Mannschaft verstärkt.
Zwei neue Mitarbeiter stehen Ihnen nun gerne zur Verfügung: Frau ... und Herr ..., beide gelernte ... und mit langjähriger Erfahrung in unserer Branche. Sie würden sich freuen, wenn sie schon bald für Sie tätig werden dürften.

15.4.4   Divers

A partir du ... (date), nos conditions de vente et de livraison seront modifiées comme suit:
Au lieu de ...
s'applique la clause suivante:
Nous pensons satisfaire ainsi les exigences de nos clients et pouvoir encore à l'avenir livrer à des conditions qui supportent la comparaison.

15.5   Présentation de nouveaux employés

15.5.1   Notre clientèle s'est énormément agrandie ces derniers mois. Vous en connaissez la raison: prix avantageux, exécution rapide des commandes et un service sérieux sont les principaux atouts de notre succès.
Afin que nous puissions encore à l'avenir vous servir rapidement et correctement, c'est Monsieur ... qui, à partir du ... (date), sera chargé des relations avec votre entreprise. Monsieur ... a ... ans, il a suivi une formation de ... et il connaît notre branche dans ses moindres détails grâce aux fonctions qu'il a occupées dans différentes entreprises. Nous sommes certains que ce changement de personnel sera très profitable à votre entreprise.

15.5.2   Nous sommes très heureux que nos ... (désignation de l'article) soient si demandés et que nos vendeurs puissent encore mieux conseiller et diriger nos clients dans leur choix. Et, pour un meilleur déroulement des affaires à l'avenir, nous avons renforcé notre équipe.
Deux nouveaux collaborateurs sont maintenant prêts à vous aider: Madame ... et Monsieur ... Tous deux ont une formation de ... et une expérience de plusieurs années dans notre branche. Ils seraient heureux de pouvoir bientôt travailler pour vous.

15.6 Anschrift und Telefon geändert

15.6.1 Wir ziehen um! Unsere neue Anschrift lautet ab ... (Datum): ..., Telefonnummer 00 00 00.

15.6.2 Schnelle Auftragsbearbeitung, guter Service, moderne Produktion – das alles sind Sie von uns gewöhnt. Aber damit Sie auch in Zukunft mit uns zufrieden sind, brauchen wir mehr Platz. Deshalb ziehen wir am ... (Datum) um. Von diesem Tag an erreichen Sie uns unter der neuen Anschrift ..., Telefonnummer 00 00 00.

15.6.3 Endlich ist es soweit: Am ... (Datum) beziehen wir unser neues Gebäude/unsere neuen Gebäude in ... (Ort). Ab diesem Termin lautet unsere Anschrift: ..., Telefonnummer 00 00 00.

15.7 Telefonnummer geändert

15.7.1 Am ... (Datum) bekommen wir eine neue Telefonnummer. Damit Sie uns weiter schnell und einfach erreichen, wählen Sie ab dem ... (Datum) bitte die Nummer 00 00 00.

15.7.2 Ab dem ... (Datum) erreichen Sie uns unter unserer neuen Telefonnummer 00 00 00.

15.7.3 Ab dem ... (Datum) können sie uns auch unter der Telefonnummer 00 00 00 erreichen.

15.7.4 Bitte nehmen Sie unsere neue Telefonnummer in Ihre Unterlagen auf: 00 00 00

15.7.5 Unsere Telefonnummer wird sich am ... (Datum) ändern. Bitte notieren Sie die neue Nummer: 00 00 00.

15.6 Changement d'adresse et de téléphone

15.6.1 Nous déménageons! Notre nouvelle adresse à partir du ... (date): Numéro de téléphone 00 00 00

15.6.2 Exécution rapide des commandes, service compétent, machines modernes; nous vous avons habitués à tout cela. Mais afin de pouvoir également vous satisfaire à l'avenir, nous avons besoin de plus de place. C'est pourquoi, le ... (date), nous déménageons. A partir de cette date, vous pouvez nous joindre à notre nouvelle adresse, ..., numéro de téléphone 00 00 00.

15.6.3 Ça y est: le ... (date), nous déménageons dans notre nouveau bâtiment/nos nouveaux bâtiments à ... (localité). A partir de cette date, notre adresse est la suivante: ..., numéro de téléphone 00 00 00.

15.7 Changement du numéro de téléphone

15.7.1 Le ... (date), nous changeons de numéro de téléphone. Pour nous joindre facilement et rapidement, composez, à partir du ... (date), le numéro suivant: 00 00 00

15.7.2 A partir du ... (date), vous pouvez nous joindre à notre nouveau numéro de téléphone 00 00 00.

15.7.3 A partir du ... (date), vous pouvez nous joindre en composant également le numéro de téléphone suivant: 00 00 00

15.7.4 Nous vous prions de bien vouloir noter notre nouveau numéro de téléphone: 00 00 00

15.7.5 Nous changeons de numéro de téléphone le ... (date). Nous vous prions de bien vouloir noter le nouveau numéro: 00 00 00.

16. Häufig erforderliche Einzelsätze

16. Phrases employées couramment

16.1 Anlage

16.1.1 Mit diesem Brief senden wir Ihnen ...
16.1.2 Mit diesem Brief erhalten Sie ...
16.1.3 Beachten Sie dazu bitte die beiliegende Kopie.
16.1.4 Das Schreiben von ... haben wir Ihnen als Kopie beigelegt.
16.1.5 Alle erforderlichen Unterlagen fügen wir diesem Brief bei.

16.2 Anrufen

16.2.1 Ihre Fragen dazu beantworten wir Ihnen gern am Telefon.

16.2.2 Wir beantworten Ihnen gern alle Fragen. Rufen Sie uns bitte an.

16.2.3 Alle weiteren Informationen können Sie bei uns telefonisch erfragen.

16.2.4 Über Ihren Anruf würden wir uns freuen.

16.3 Antwort

16.3.1 Geben Sie uns bitte so schnell wie möglich Bescheid.

16.3.2 Ihre Antwort erwarten wir in Kürze/bis zum ... (Datum).

16.3.3 Wir freuen uns auf Ihre Antwort.
16.3.4 Nun ist es an Ihnen zu reagieren. Bitte antworten Sie unverzüglich.
16.3.5 Nur Ihre rasche Antwort kann den Fortgang dieser Angelegenheit beschleunigen. Bitte rufen Sie uns einfach an.

16.1 Pièce jointe

16.1.1   Nous joignons à cette lettre ...
16.1.2   Veuillez trouver ci-joint ...
16.1.3   Nous vous prions de lire la copie ci-jointe.
16.1.4   Nous joignons la copie de la lettre du ...
16.1.5   Nous joignons à la présente toute la documentation nécessaire.

16.2 Appels téléphoniques

16.2.1   Nous répondrons volontiers par téléphone aux questions que vous aurez à ce sujet.
16.2.2   Nous répondrons volontiers à toutes vos questions. Veuillez nous téléphoner.
16.2.3   Vous pouvez nous demander tout autre renseignement par téléphone.
16.2.4   C'est avec plaisir que nous recevrons votre appel.

16.3 Réponse

16.3.1   Nous vous prions de nous donner une réponse le plus rapidement possible.
16.3.2   Nous attendons votre réponse dans les plus brefs délais/d'ici le ... (date).
16.3.3   C'est avec plaisir que nous recevrons votre réponse.
16.3.4   Maintenant, c'est à vous de prendre position. Nous vous prions de répondre sans délai.
16.3.5   Seule une réponse rapide de votre part peut mettre un terme à cette affaire/accélérer l'exécution de cette affaire. Téléphonez-nous tout simplement.

16.4 Bedauern

16.4.1 Wir bedauern diesen Vorfall sehr.
16.4.2 Es tut uns sehr leid, daß es zu diesem Vorfall gekommen ist.
16.4.3 Es ist bedauerlich, daß wir diesen Vorfall nicht verhindern konnten.
16.4.4 Die Angelegenheit hat einen Verlauf genommen, der uns nicht recht ist. Gerade in Ihrem Fall bedauern wir das außerordentlich.
16.4.5 Wir haben uns einen anderen Verlauf der Angelegenheit gewünscht. Nun bleibt uns nichts anderes, als Ihnen unser Bedauern auszusprechen.
16.4.6 Bitte glauben Sie uns, wenn wir Ihnen versichern, wie sehr wir diesen Vorgang bedauern.
16.4.7 Es tut uns leid, aber wir sehen keinen anderen Ausweg.

16.5 Bestätigung

16.5.1 Wir bestätigen mit diesem Brief unser Telefongespräch vom ... (Datum).
16.5.2 Wir bestätigen den Eingang Ihres Schreibens vom ... (Datum)
16.5.3 Wir bestätigen, daß Herr .../Frau ...

16.6 Dank

16.6.1 Herzlichen Dank für Ihre/Ihren ...
16.6.2 Ihr/Ihre ... war sehr freundlich/hilfreich/informativ. Dafür sagen wir Ihnen unseren Dank.
16.6.3 Vielen Dank für Ihren Brief vom ... (Datum).
16.6.4 Über Ihren Brief vom ... (Datum) haben wir uns gefreut. Vielen Dank.

16.4   Regrets

16.4.1   Nous regrettons beaucoup cet incident.
16.4.2   Nous sommes navrés de cet incident.
16.4.3   Il est regrettable que nous n'ayons pas pu empêcher cet incident.
16.4.4   Nous déplorons l'évolution de cette affaire et nous regrettons énormément que cela vous touche personnellement.
16.4.5   Nous aurions souhaité que l'affaire prenne une autre tournure. Nous ne pouvons que vous exprimer nos regrets.
16.4.6   Soyez assuré que nous regrettons vivement cet incident.
16.4.7   Nous sommes désolés, mais nous ne voyons pas d'autres solutions.

16.5   Confirmation

16.5.1   Nous confirmons par la présente notre conversation téléphonique du ... (date).
16.5.2   Nous accusons réception de votre lettre du ... (date).
16.5.3   Nous confirmons que Monsieur .../Madame ...

16.6   Remerciements

16.6.1   Merci beaucoup pour votre ...
16.6.2   Votre ... était très agréable/hous a beaucoup aidés/contenait beaucoup d'informations. Nous vous en remercions.
16.6.3   Merci beaucoup pour votre lettre du ... (date).
16.6.4   Votre lettre du ... (date) nous a fait plaisir. Nous vous en remercions.

16.6.5 Herzlichen Dank für Ihre Mühe.
16.6.6 Vielen Dank für Ihr Interesse.

16.7 Erledigt

16.7.1 Damit ist die Angelegenheit abgeschlossen.
16.7.2 Mit diesem Brief betrachten wir die Angelegenheit als abgeschlossen.
16.7.3 Wir haben den Vorgang genau geprüft und abgeschlossen.
16.7.4 Von unserer Seite gibt es keine Bedenken mehr.
16.7.5 Wir sind der Meinung, daß der Fall damit erledigt ist.

16.8 Grüße

16.8.1 Richten Sie bitte auch Frau/Herrn ... unsere besten Grüße aus.
16.8.2 Mit den besten Grüßen an Frau/Herrn ...
16.8.3 Sagen Sie bitte Frau/Herrn ..., wir ließen sie/ihn herzlich grüßen und wir würden uns freuen, sie/ihn bald wiederzusehen.

16.9 Ja

16.9.1 Wir sind einverstanden.
16.9.2 Dem stimmen wir zu.
16.9.3 Das ist aus unserer Sicht in Ordnung.
16.9.4 Wir haben keine Einwände dagegen.
16.9.5 Das können wir akzeptieren.
16.9.6 Wir sehen das genauso.

16.6.5	Merci beaucoup pour votre aide.
16.6.6	Merci beaucoup pour l'intérêt que vous portez à …

16.7 Affaires réglées

16.7.1	Nous avons ainsi réglé l'affaire.
16.7.2	Avec cette lettre, nous considérons l'affaire comme étant réglée.
16.7.3	Nous avons exactement examiné, puis réglé l'affaire.
16.7.4	Pour nous l'affaire est entendue.
16.7.5	Nous pensons que le cas est ainsi réglé.

16.8 Salutations

16.8.1	Nous vous prions de transmettre également nos salutations à Madame …/Monsieur …
16.8.2	Nous vous prions de transmettre à Madame/Monsieur … nos meilleures salutations et de lui faire savoir que nous aimerions la/le revoir bientôt.

16.9 Oui

16.9.1	Nous sommes d'accord.
16.9.2	Nos donnons notre accord à …
16.9.3	Pour nous il n'y a pas de problème.
16.9.4	Nous n'avons aucune objection à cela.
16.9.5	Cela, nous pouvons l'accepter.
16.9.6	Nous sommes exactement de cet avis.

16.10 Kontakt

16.10.1 Wir rufen Sie in der nächsten Woche an.
16.10.2 Wir rufen Sie so schnell wie möglich an.
16.10.3 Sobald wir mehr darüber wissen, melden wir uns bei Ihnen.
16.10.4 Wir müssen noch einige Informationen einholen, dann werden wir Ihnen schreiben/werden wir Sie anrufen.

16.11 Nein

16.11.1 Damit sind wir nicht einverstanden.
16.11.2 Dem können wir nicht zustimmen.
16.11.3 Das müssen wir ablehnen.
16.11.4 Das können wir nicht akzeptieren.
16.11.5 Wir würden Ihnen gern in dieser Sache zustimmen, aber leider ist das aus verschiedenen Gründen nicht möglich.
16.11.6 Bei allem Verständnis für Ihre Lage müssen wir Ihren Vorschlag ablehnen.
16.11.7 Hoffentlich haben Sie Verständnis dafür, daß wir Ihnen aus unserer Sicht nicht zustimmen können.
16.11.8 Obwohl wir Ihre Argumentation nachvollziehen können, müssen wir Ihr Angebot ablehnen.

16.12 Termin

16.12.1 Sagt Ihnen der ... (Datum) zu?
16.12.2 Als Termin schlagen wir den ... (Datum) vor.
16.12.3 Als Termin wäre uns die Zeit von ... bis ... recht.

16.10 Contact

16.10.1 Nous vous téléphonerons dans le courant de la semaine prochaine.
16.10.2 Nous vous téléphonerons le plus vite possible.
16.10.3 Dès que nous en saurons plus à ce sujet, nous vous le ferons savoir.
16.10.4 Il faut que nous ayons encore quelques informations. Ensuite nous vous écrirons/téléphonerons.

16.11 Non

16.11.1 Nous ne sommes pas d'accord avec cela.
16.11.2 Nous ne pouvons pas donner notre accord à ...
16.11.3 Nous sommes obligés de refuser.
16.11.4 Nous ne pouvons pas accepter cela.
16.11.5 Nous vous donnerions volontiers notre accord dans cette affaire, mais, pour diverses raisons, cela n'est pas possible.
16.11.6 Bien que nous comprenions tout à fait votre situation, nous sommes néanmoins obligés de refuser votre proposition.
16.11.7 Nous espérons que vous comprendrez que nous ne pouvons pas vous donner notre accord.
16.11.8 Bien que vos arguments nous paraissent tout à fait valables, nous sommes obligés de refuser votre offre.

16.12 Rendez-vous

16.12.1 Est-ce que le ... vous convient?
16.12.2 Comme date, nous vous proposons le ... (date).
16.12.3 Pour un rendez-vous, la période du ... au ... nous conviendrait.

16.12.4	Wir meinen die Zeit von ... bis ...
16.12.5	Unsere Frage betrifft die Zeit von ... bis ...
16.12.6	Ohne Ihnen zu nahe treten zu wollen, möchten wir schon jetzt den ... vorschlagen.
16.12.7	Wie wäre es mit dem ... (Datum)?
16.12.8	Unser Terminvorschlag: ... (Datum).
16.12.9	Wir erlauben uns, Ihnen als Termin den ... (Datum) vorzuschlagen.
16.12.10	Mit dem vorgeschlagenen Termin sind wir einverstanden.
16.12.11	Der ... (Datum) ist uns sehr recht. Wir sind einverstanden.
16.12.12	Ihr Termin ist uns nicht recht.
16.12.13	Ein anderer Termin ist uns lieber.
16.12.14	Der ... (Datum) ist uns zu früh.
16.12.15	Am ... (Datum) haben wir bereits einen Termin.
16.12.16	Es tut uns sehr leid, aber wir müssen den vereinbarten Termin am ... (Datum) absagen.

16.13 Vereinbarungen

16.13.1	Nach unserem Telefongespräch/Gespräch am ... (Datum) gilt folgendes als vereinbart:
16.13.2	In unserem Telefongespräch/Gespräch haben wir folgendes vereinbart:
16.13.3	Folgende Vereinbarung wurde getroffen:

16.14 Verstanden?

16.14.1	Wenn wir Sie richtig verstehen, wollen Sie ...
16.14.2	Vielleicht haben wir Sie nicht richtig verstanden.
16.14.3	Meinen Sie damit, daß ...

16.12.4	Nous pensons à la période du ... au ...
16.12.5	Notre question concerne la période du ... au ...
16.12.6	Sans vouloir vous froisser, nous aimerions déjà vous proposer le ...
16.12.7	Que pensez-vous du ...?
16.12.8	Nous proposons le ...
16.12.9	Nous nous permettons de vous proposer le ... (date).
16.12.10	Nous sommes d'accord avec la date proposée.
16.12.11	Nous sommes d'accord avec le ... qui nous convient parfaitement.
16.12.12	La date que vous nous avez proposée ne nous convient pas.
16.12.13	Nous préférerions une autre date.
16.12.14	Pour nous, le ... (date), c'est trop tôt.
16.12.15	Le ... (date), nous avons déjà un rendez-vous.
16.12.16	Nous regrettons beaucoup d'être obligés d'annuler le rendez-vous fixé pour le ... (date).

16.13 Accords

16.13.1	Suite à notre conversation téléphonique/notre entrevue du ... (date), il a été convenu que:
16.13.2	Au cours de notre conversation téléphonique/notre entrevue, nous nous sommes mis d'accord sur les points suivants:
16.13.3.	L'accord suivant a été conclu:

16.14 Compris?

16.14.1	Si nous vous avons bien compris, vous avez l'intention de ...
16.14.2	Peut-être que nous vous avons mal compris.
16.14.3	Voulez-vous dire par là que ...

16.14.4 Wenn es sich nicht um ein Mißverständnis handelt, wollen Sie …
16.14.5 Wir haben Sie so verstanden, daß Sie …

16.15 Wichtige Mitteilung

16.15.1 Was wir Ihnen jetzt sagen, ist für Sie sehr wichtig.

16.15.2 Bitte lesen Sie den nächsten Absatz besonders aufmerksam.

16.15.3 Dabei darf folgendes auf keinen Fall übersehen werden:

16.15.4 Beachten Sie bitte den folgenden Punkt ganz besonders:
16.15.5 WICHTIG!
16.15.6 ACHTUNG!
16.15.7 UNBEDINGT BEACHTEN!

16.14.4	S'il ne s'agit pas d'un malentendu, vous avez l'intention de :
16.14.5	Nous avons compris que vous ...

16.15 Information importante

16.15.1	Ce que nous vous annonçons maintenant est très important pour vous.
16.15.2	Veuillez porter une attention toute particulière au paragraphe suivant.
16.15.3	Dans cette affaire, les points suivants ne doivent être en aucun cas oubliés:
16.15.4	Veuillez faire particulièrement attention au point suivant:
16.15.5	Important!
16.15.6	Attention!
16.15.7	A respecter absolument!